UN CAMINO RECTO Y VERDADERO

Isaías 43:18-20 Reina Valera Contemporánea (RVC)

[18] «Ya no se acuerden de las cosas pasadas; no hagan memoria de las cosas antiguas. [19] Fíjense en que yo hago algo nuevo, que pronto saldrá a la luz. ¿Acaso no lo saben? Volveré a abrir un camino en el desierto, y haré que corran ríos en el páramo. [20] Recibiré la honra de las fieras salvajes, de los chacales y de los pollos del avestruz, porque haré que brote agua en el desierto y ríos en el páramo, para que beba mi pueblo escogido.

Diez Días Hacia Una Total Libertad Financiera

Diez Días en la Búsqueda, Descubriendo los Tesoros Profundamente Escondidos

Por Marvin Swanson

Diez Días Hacia Una Total Libertad Financiera

Título: Diez Días Hacia una Total Libertad Financiera
Subtitulo: Diez Días en la Búsqueda, descubriendo los Tesoros Profundamente Escondidos
Autor: Marvin Swanson

Publicado por: www.ToAllNations.net

ISBN: - International Standard Book Number (Número Internacional Normalizado para Libros). No siempre se requiere para la comercialización del propio Libro Electrónico.

Derechos de Autor © 2013 por Marvin Swanson
Primera Edición, 2013
Publicado en Canadá

Nota: Algunas porciones de este libro en letras cursivas, son comentarios y notas al pie que pertenecen a las traducciones de "The Voice" o NLT en inglés. Y son incluidas porque ellas son parte del texto, en la versión en inglés.

Dedicatoria

Podría hacer una lista de una milla de largo para agradecer a las diferentes personas que han sido una inspiración para mí, y me han corregido, instruido y animado a lo largo de la vida. Pero sobre todo quiero darle gracias a Dios por darme una abuela que oraba y nunca se rindió a pesar de mi oposición a su fe y a su Dios durante mi juventud.

Sé que hay otras personas, como mis padres, que también oraron por mí. Pero Dios me mostró claramente que fueron las oraciones de mi abuela Sitler por mi salvación a las que Él respondió en 1981, dieciséis años después de haberse ido ella a la presencia de Jesús, a su hogar eterno, y a recibir su recompensa celestial.

El Espíritu Santo quebrantó mi terco corazón cuando me mostró esto y lloré durante varios días. Yo, el que había ridiculizado a mi abuela, la había perseguido, me había reído de ella imitándola burlonamente en cada oportunidad... eso aún me hace llorar... estoy llorando de nuevo; que Dios tenga misericordia de mí y que todas las oraciones de mi abuela sean respondidas. Que nunca más sea yo un descrédito para ella, ni para el nombre de mi familia terrenal, ni de mi nueva familia de creyentes en Jesús. Que Dios, quien es fiel, vele por que cada una de las oraciones de la abuela tenga respuesta, aunque hayan pasado muchos años.

Gracias a Dios por la fidelidad de una familia que ora y por la fidelidad de un Dios y Salvador que no permite que ni una sola oración se pierda, ni quede sin respuesta. La abuela nunca vio la respuesta a su intercesión ferviente por mí en esta vida, pero en la vida venidera, ¡SÍ! ¡SÍ! ¡SÍ!

Este libro está dedicado con agradecimiento a la fidelidad de una Abuela que oraba y nunca se rindió con este hijo descarriado. Con constancia, a las ocho de la noche - todas las noches - después de que se terminaban las tareas de la granja y la cena, ella se iba a su habitación - en el piso de arriba de la antigua casa de nuestra granja. Allí cantaba los himnos de su gastado Himnario Menonita y oraba... por mí... por sus hijos e hijas y sus cónyuges... eran ocho, multiplicados por dos... y por sus muchos nietos... Algunos - como yo - no comprendíamos a nuestra Abuela que oraba y pensábamos que era demasiado "religiosa y anticuada".

La abuela me decía a menudo, recriminándome con el dedo: "Si el buen Dios hubiera querido que fumaras, te habría puesto una chimenea." También me decía "busca al Señor mientras puedas encontrarlo; llámalo ahora, mientras está cerca" (Isaías 55:6) y me dio mi primera Biblia en 1957, cuando yo tenía diez años. ¡Fidelidad! El carácter mismo de Dios (Salmo 89:8, 27-39). ¡Gracias sobre todo al Dios que mantiene Su pacto, quien nunca deja de cumplir Su promesa!

Gracias también a Vic Johnson y a su programa "gettingrichwithebooks". Y a María J. de Guatemala, quien trabajo en la traducción del libro al español. Igualmente agradezco a Adriana Borda de Colombia, por su revisión y sugerencias, y también a mi esposa Rosaura Eunice Swanson por su colaboración y oportunas correcciones. Dios los bendiga a todos. Que Él los multiplique y prospere grandemente en cada área de sus vidas por su fidelidad y su compromiso con la excelencia.

Marvin

LA FIDELIDAD DE DIOS

Isaías 55:10-13 Reina Valera Contemporánea (RVC)

[10] »Así como la lluvia y la nieve caen de los cielos, y no vuelven allá, sino que riegan la tierra y la hacen germinar y producir, con lo que dan semilla para el que siembra y pan para el que come, [11] así también mi palabra, cuando sale de mi boca, no vuelve a mí vacía, sino que hace todo lo que yo quiero, y tiene éxito en todo aquello para lo cual la envié. [12] »Ustedes saldrán con alegría, y volverán en paz; los montes y las colinas cantarán al paso de ustedes, y todos los árboles del campo aplaudirán. [13] En lugar de zarzas, crecerán cipreses; en lugar de ortigas, crecerán arrayanes. **Esto dará lustre** al nombre del Señor; ¡será una señal eterna que durará para siempre!»

Tabla de Contenido

Introducción

Este libro es un mensaje sobre la libertad financiera, la cual comienza con una relación correcta con Dios nuestro Creador, quien nunca ha estado endeudado o en dificultades económicas, pero entiende ambas situaciones perfectamente.

Este libro trata acerca del orden y de volver al Padre Celestial por medio de la fe en Jesús, el Hijo de Dios, quien fue tentado en todo, pero sin pecar. Jesús calificó para ser nuestro Campeón y el Capitán de nuestra salvación en todos los ámbitos de la vida, por medio de todo lo que sufrió. Como resultado, Él es ahora nuestro Sumo Sacerdote, misericordioso y fiel ante Dios, un sacerdote que es a la vez misericordioso con nosotros y fiel a Dios al tratar con los pecados de las personas. Debido a que Él mismo ha pasado por el sufrimiento y la tentación, sabe lo que es sufrir y ser tentado y es maravillosamente capaz de ayudarnos. Hebreos 2 (paráfrasis).

Este libro trata del mentoreo y liderazgo del Único que está verdaderamente calificado para cumplir con esta función.

Se trata de la soberanía y de la sumisión al Rey del Universo, quien creó las montañas y las colinas, el sol, la luna y las estrellas y todo lo que existe en medio. De Aquel que es dueño del ganado de mil colinas, quien creó el oro y la plata y los tesoros ocultos de las profundidades, y llena los océanos con vida abundante, manda sobre el viento y el clima, y riega la tierra con facilidad; sobre el Señor de la cosecha, el Dios que nunca falta a Su promesa.

Este libro trata de una **relación de amor**, **que es el firme fundamento del cual proviene la verdadera libertad financiera.** Jesús dijo: ¿qué aprovechará al hombre, si gana todo el mundo, pero pierde su alma?"

Hablaremos acerca de volver a la verdadera fuente de toda la sabiduría, el entendimiento, el conocimiento, la riqueza y el poder. Porque sin Él (Cristo) no existiría nada, por Él fueron creadas todas las cosas, las que hay en los cielos y las que hay en la tierra, las visibles y las invisibles; sean tronos, sean dominios, sean principados, sean potestades; todo fue creado por medio de Él y para Él. Y Él es antes de todas las cosas, y todas las cosas tienen consistencia en Él; Colosenses 1:16-17 RV. Jesús es el Mentor Supremo de este universo y está perfectamente cualificado en todos los niveles, en todas las áreas de la vida, incluyendo nuestras finanzas.

Es acerca de amar a Dios en primer lugar y sobre todas las cosas; y en segundo lugar, acerca de prosperar bajo Su liderazgo y de ser sumamente fructífero en el servicio al Reino de Dios, en la tierra. Es un libro sobre María (la devoción) a los pies de Jesús, antes de Marta (la acción) que sirve a Su mesa.

Estudiaremos sobre el mentoreo al más alto nivel. Se trata de la obediencia a la Palabra de Dios y la sumisión a la guía y dirección del Espíritu Santo. Se trata de conocer el corazón del Padre que está en los cielos y de servirle, para su gloria y para nuestro beneficio y el de muchos otros.

Es un libro sobre el crecimiento del Reino y mi papel en la gran cosecha. Mi papel comienza a los pies de la cruz de Jesucristo y continúa con una vida rendida, permaneciendo en la vid, con una actitud de siervo: "que no se haga mi voluntad, sino la tuya", y de mi posición de hijo y heredero de Dios y coheredero con Jesucristo. *Porque no he recibido un espíritu que me esclavice al miedo. En cambio, recibí el Espíritu de Dios cuando Él me adoptó como su propio hijo.* Romanos 8: 15

Este libro es acerca de volver a nuestras raíces, al principio, a la fuente; de volver a la absoluta dependencia, y a la confianza en el Dios de la misericordia, la gracia y la verdad. El que verdaderamente nos ama y busca nuestro bien, porque él es amor y es bueno. De reconocer que Él es 100% fiel a su carácter y es constante en su trato con nosotros, su creación.

Dios es Dios y Dios es bueno. No hay otro. Él decidió revelarse a través de la persona de su Hijo, Jesucristo. Este es el firme fundamento de nuestra fe y confianza, y ésta es la fuente de la que sacamos nuestra fuerza. Dios es amor y los que aman, viven en Dios y Él vive en ellos. Este es nuestro manantial, y esta fuente de vida es la que nos hace prosperar y compartir nuestra abundancia con los demás, con el propósito de revelar a Jesús, el Cordero de Dios, y expandir el Reino eterno de Dios en la tierra. Esta es nuestra misión y el propósito de Dios para nuestro crecimiento.

¡Disfrútelo!

Su amigo,

Marvin Swanson

1. En el Principio

En el principio Dios creó los cielos y la tierra. Génesis 1:1

"En el principio" suena como un punto maravilloso para iniciar cualquier proyecto. En este caso, nuestro proyecto es descubrir la voluntad de Dios para nuestra prosperidad. En el principio la tierra era una masa sin forma, oscura y caótica, mientras el Espíritu de Dios aleteaba sobre la superficie de las aguas. ¿Sin forma? ¿Caótica? Esto suena como los problemas financieros del siglo XXI.

Cuando las finanzas están fuera de control y la deuda y los gastos son más grandes que los ingresos, esta es la imagen. Caótica es una palabra comedida, y las aguas y la oscuridad describen a los acreedores enojados que envían cartas y hacen llamadas telefónicas amenazadoras. La buena noticia es que Dios tiene un plan.

El Espíritu Santo sigue moviéndose sobre las aguas de mi vida, a la espera de la orden de Dios: "¡Que haya luz!"… … y hubo luz… Cuando Dios habla, suceden cosas, las cosas cambian. En el principio Dios puso orden en el universo, cuando separó la luz de las tinieblas y llamó a la luz: Día, y a las tinieblas las llamó: Noche. Y pasó la tarde y llegó la mañana, así se cumplió el primer día. Dios tenía un plan y llevó a cabo este plan con el poder de Su Palabra. Este plan era llevar el orden a Su universo. Dios sigue teniendo un plan. No ha cambiado. Se trata de un plan para salvación y para poner las cosas en orden, en mi propia vida. Esto incluye mis finanzas.

El orden divino. Éste es el orden del Universo. Dios es un Dios de orden. Ordenó los cielos y la tierra, dándoles existencia, y lo que era caótico, ingobernable y desordenado obedeció Sus instrucciones y se alineó con Su voluntad. El plan de Dios para Su creación no ha cambiado a pesar de la caída del hombre, de la gracia, en el Jardín del Edén - Génesis 3. Su plan es poner orden en el desorden caótico al que yo llamo "mi vida aquí en la tierra."

¿Y cuándo empezó este desastre? Se inició en el jardín con el pecado original de la desobediencia y la rebelión contra las instrucciones de Dios. En vez del orden divino, vinieron el caos, la muerte, la destrucción, la enfermedad y la pobreza a imponer su reinado de terror en la tierra; es un reinado rebelde, anárquico, sin control. El desorden empezó a estar a la orden del día. La separación de Dios, se convirtió en el gobierno de la noche. La distinción entre la luz y la oscuridad, entre el bien y el mal, se volvió imprecisa; el orden que Dios había establecido en un principio volvió a su estado anterior: sin forma y caótico. Un mundo lleno de pecado, una rebelión que ya no reconoce los límites establecidos por un Dios Creador amoroso. El mundo volvió a ser un desastre, pero ahora ese desastre era un desorden creado, el cual mantenía cierto sentido y forma, pero caído de la gracia de Dios.

Aquí es donde todo empezó: debido al pecado de un hombre, Adán, todos nosotros hemos nacido en este mundo caído. Hubo una caída y como resultado, una herida; los resultados son los efectos persistentes que vemos en este mundo: caos, crimen, rebeldía, desorden, falta de armonía con el Creador y con nosotros mismos, enfermedad, pobreza, carencia, necesidad, muerte y destrucción por todos lados - independientemente de la nacionalidad, el color de la piel, o la cultura. Estas son las malas noticias.

La buena noticia es que por **un solo hombre, Jesucristo**, muchos han sido hechos justos y llevados de vuelta a una relación correcta con el Padre celestial: el orden divino ha sido restablecido. La luz y la oscuridad, una vez más se separan y se distinguen. Las líneas entre el bien y el mal, lo correcto y lo incorrecto, ya no son imprecisas. A medida que nos acercamos a nuestro Dios de Amor por medio de la fe en Su Hijo, empezamos de nuevo a disfrutar de los beneficios de Su presencia y Su provisión; el primer Adán quedó atrás. Por el primer Adán todos pecaron y están destituidos de la gloria de Dios. Por el Segundo Adán, Jesucristo, muchos son justificados. El orden de Dios es restablecido (Romanos 5:19). ¡Amen!

Dios tenía un plan. Dios tiene un plan; es un plan para mi vida, un plan para bien, no para mal. Es un plan para mi crecimiento y prosperidad, para darme una esperanza y un futuro bajo la guía de su Espíritu y de acuerdo con Su voluntad. Jeremías 29:11.

Paso # 1: Desde este punto de vista ¿cuál es mi definición de libertad financiera? Mi definición puede ser diferente de la suya, por lo que la pregunta debe ser, ¿cuál es SU definición? Haga una lista de sus necesidades presentes y luego sepárela por renglones y ponga cuánto necesita para cada gasto. ¿Cuál es su ingreso? ¿Coinciden, o los gastos superan a los ingresos?

Después ponga los diezmos, las ofrendas, la caridad, etc. ¿Su definición de libertad financiera consiste en tener lo suficiente para cubrir todas estas áreas o busca aumentar su ingreso y su capacidad para proveer solamente para su hogar y su familia?

Escriba SU definición. Pídale al Espíritu Santo que le ayude. Él estaba al principio de la creación, y estará con usted en su re-creación.

Recuerde que este es el paso # 1 para llevar el orden a su ámbito financiero. En efecto, lo que usted pide es "Que se haga la luz:"... y los primeros rayos de sol comenzarán a brillar sobre el desastre, empezando a hacer la separación y dándole forma.

2. Separación Total

¿Qué comunión tiene la luz con las tinieblas?

2 Corintios 6:14-18

Nueva Traducción Viviente (NTV)

Somos el Templo de Dios

14 No se asocien íntimamente con los que son incrédulos. ¿Cómo puede la justicia asociarse con la maldad? ¿Cómo puede la luz vivir con las tinieblas? 15 ¿Qué armonía puede haber entre Cristo y el diablo? ¿Cómo puede un creyente asociarse con un incrédulo? 16 ¿Y qué clase de unión puede haber entre el templo de Dios y los ídolos? Pues nosotros somos el templo del Dios viviente. Como dijo Dios:

"Viviré en ellos

y caminaré entre ellos.

Yo seré su Dios,

y ellos serán mi pueblo.

17 Por lo tanto, salgan de entre los incrédulos

y apártense de ellos, dice el Señor.

No toquen sus cosas inmundas,

y yo los recibiré a ustedes.

18 Y yo seré su Padre,

y ustedes serán mis hijos e hijas,

dice el Señor Todopoderoso."

Notas al pie:

2 Corintios 6:15 el demonio Literalmente, "Belial", una forma de la palabra hebrea "Belial", que significa "inutilidad" y se utilizó para referirse al diablo o el enemigo de Cristo.

2 Corintios 6:16 El templo de Dios, la casa de Dios -- el lugar donde el pueblo de Dios lo adora. En este caso, significa que los creyentes son el templo espiritual donde vive Dios.

Traducido de Easy-to-Read Version (ERV)

Derechos de Autor © 2006 de World Bible Translation Center

Separarnos de las obras de las tinieblas es un requisito básico para tener comunión y amistad con Dios. La pregunta es, "¿quiero tener amistad con Dios, quien es Luz? ¿O todavía quiero tener amistad con el mundo, que sigue sumergido en el caos y la oscuridad? ¿Qué deseo más? ¿La presencia de Dios y Su provisión? ¿O los consuelos y las comodidades del mundo que atraen a mi naturaleza pecaminosa? ¿Qué es más importante para mí: el dinero y las riquezas de este mundo y todo lo que este promete? ¿O la amistad con Dios y todo lo que Él promete? Esta es la elección que debo hacer y es aquí donde comienza mi viaje hacia la verdadera libertad financiera con Dios. O a hundirme aún más en la oscuridad caótica, sirviendo al falso dios, Mamón/Dinero.

Dios es un Dios celoso y tener otros dioses en nuestras vidas es una violación del primer mandamiento. Éxodo 20:1-6. Él es celoso en el sentido, que es él quien nos creó, y quien ha hecho un camino para librarnos de la esclavitud del pecado, la muerte, el infierno y la destrucción. Celoso de la misma forma, en la que un padre amoroso es celoso con sus propios hijos.

Es bueno recordar que no es el dinero ni ningún otro bien terrenal, sino Dios, quien tiene el poder sobre la vida y la muerte. Un día yo estaré ante el tribunal de Cristo, no ante el tribunal del Dinero. Le entregaré cuentas a Él - y sólo a Él - de mis palabras y mis obras en este reino terrenal. El alejarme de todos los ídolos conocidos de mi vida, me lleva de nuevo a la luz de Su misericordia y Su gracia. Se restablece el orden Divino y el resultado es la paz. La paz con Dios. La paz conmigo mismo. La paz en mis finanzas. La justicia, la paz y la alegría vienen a mi casa (Romanos 14:17). ¡Aleluya!

Paso # 2: ¿Qué dice la palabra de Dios acerca del dinero? Conocer la verdad me hará libre para seguirlo a Él, con confianza y plena certidumbre de fe, sabiendo que Dios me ama y me cuida porque soy Su hijo o hija. ¿Qué valor tiene esto? ¿Cómo es este conocimiento de Dios y mi relación con Él en términos de dólares y centavos? ¿Tiene un valor que pueda expresarse en términos terrenales? Sus ojos están sobre el gorrión y yo también sé que Él cuida de mí. ¿Equivale este conocimiento a tener un millón de dólares en el banco? ¿Qué pasa si la economía cambia y mi millón se convierte en monedas de un centavo? ¿Qué entonces? ¿Qué pasa si mi inversión "segura" se deteriora y se echa a perder? Entonces, ¿qué? ¿Dónde está mi fe? ¿Dónde está mi confianza? ¿Dónde está puesta mi confianza para el futuro? El dinero a veces miente, pero Dios nunca miente. El dinero y la riqueza terrenal nos prometen pero no siempre cumplen y - de hecho - si no ponemos a Dios en la ecuación no lograremos una satisfacción prolongada. Por otra parte, Dios promete cosas grandes y nunca deja de cumplirlas porque todas las promesas de Dios son "sí" y "amén" en Jesucristo.

Este es el dilema. ¿Es cierto, entonces, que el dinero es malo? He escuchado esto en muchas ocasiones. Los comunistas creen que "el dinero es la raíz del mal." ¿Es esto cierto? ¿Es esto lo que declara la Biblia? Créelo o no, la Biblia habla más sobre el dinero que sobre cualquier otro tema y, de hecho, fue Dios quien tuvo primero la idea acerca de esto. Esta información nos ayuda a entender que el dinero NO es la raíz de todo mal, como algunos han sugerido, sino más bien, EL AMOR AL DINERO, como dice Pablo en 1 Timoteo 6:10, es la raíz de todo mal. En pocas palabras, el AMOR AL DINERO es AVARICIA QUE ES UNA FORMA DE IDOLATRÍA (Colosenses 3:5). Es un ídolo en el templo de Dios, ¡y Dios, El Señor, no permite que haya otros dioses delante de Él!

El dinero se menciona muchas veces en la Biblia, más de cien veces, en la versión Reina Valera. Esto no incluye palabras como oro y plata, u otro tipo de riquezas o herencias, u otros temas relacionados, como la pobreza. La Biblia habla más de dinero que de cualquier otro tema.

El oro y la plata, eran solamente dos tipos de moneda utilizados durante los tiempos bíblicos. En la versión Reina Valera se menciona el oro más de 400 veces y la plata más de 300.

Los temas relacionados con finanzas se mencionan con más frecuencia en la Biblia que la oración, los muchos milagros, e incluso la misericordia de Dios. Sólo el pecado se menciona más veces.

El hecho de que el dinero en sí mismo no es malo está claro en la Palabra de Dios, sin embargo debemos protegernos del amor y el apego al dinero.

Hebreos 13:5 dice: "No amen el dinero; estén contentos con lo que tienen, pues Dios ha dicho: «Nunca te fallaré. Jamás te abandonaré»

En Mateo 6:24, Jesús dice: "Nadie puede servir a dos amos. Pues odiará a uno y amará al otro; será leal a uno y despreciará al otro. No se puede servir a Dios y al dinero".

1 Timoteo 6:10 nos dice: "Pues el amor al dinero es la raíz de toda clase de mal y algunas personas, en su intenso deseo por el dinero, se han desviado de la fe verdadera y se han causado muchas heridas dolorosas".

Como veremos en un capítulo posterior, **uno de los antídotos bíblicos para la codicia es el diezmo y el cuidado de los pobres y necesitados.**

En vista de la información anterior, debemos ver al dinero como algo neutro, no es malo ni bueno. Se trata simplemente de un bien terrenal proporcionado por el Señor, como medio de intercambio de bienes o servicios entre las personas. Lo malo son los deseos que acechan en nuestros propios corazones. El dinero, o la falta del mismo sólo revelan cómo está ubicado nuestro corazón en relación con Dios. ¿Es el dinero donde he puesto mi confianza, o mi confianza está firmemente plantada en el Señor y en la provisión que nos ha prometido? El dinero se puede usar para el bien o para el mal. Se puede utilizar para comprar un arma y con ella robar un banco o se puede usar para abrir una cuenta y depositar en ella el producto de un trabajo honrado. Usted decide. ¿Es el dinero bueno? ¿O malo? Los comunistas dicen que el dinero es la raíz del mal y como resultado detestan a los capitalistas; sin embargo no dudan en matar o participar en un comercio ilícito para poder echar mano de este producto neutro.

Efesios 4:28

Nueva Traducción Viviente (NTV)

28 Si eres ladrón, deja de robar. En cambio, usa tus manos en un buen trabajo digno y luego comparte generosamente con los que tienen necesidad.

Maravillosas instrucciones que nos da el Espíritu Santo por medio de Su siervo ungido, el Apóstol Pablo. Este es el concepto bíblico y la actitud general de la Biblia hacia el trabajo y el dinero: Es bueno y es un paso firme hacia el orden que

Dios quiere y hacia la separación de la luz y la oscuridad.

Todos aquellos que han adoptado una mentalidad anti-bíblica, socialista y paternalista, pensando que "el mundo me debe", presten atención a lo que dice la Santa Palabra de Dios. Esta es la voluntad de Dios de acuerdo con Su Palabra, y estas son las instrucciones que Dios nos da para hacer negocios. La bendición de Dios reposa sobre todos aquellos que honran Su Palabra, sometiéndose a ella y haciendo lo que corresponde, en obediencia. Pero la ira de Dios está sobre todos los que toman sus instrucciones a la ligera, pensando que pueden prosperar y crecer al margen de la luz de Su Palabra.

Recuerde, Dios creó el mundo por medio de Su palabra hablada, y puede darle de nuevo vida a nuestro mundo caótico por medio de nuestra sencilla cooperación, de acuerdo con Su Palabra escrita.

La Separación Total de todo y de cualquier cosa que de alguna manera distraiga, distorsione o disminuya, es mi definición de "Diez Días Hacia Una Total Libertad Financiera."

3. Enfrente Sus Temores

Menciónelos... uno por uno y llámelos por su verdadero nombre.

1 Samuel 17:1-11

Dios Habla Hoy (DHH)

Goliat Desafía al Ejército de Israel

17. Los filisteos juntaron sus ejércitos para la guerra y se reunieron en Soco, pueblo que pertenece a Judá, acampando en Efes-damim, entre Socy Azeca. 2-3. A su vez, Saúl y los israelitas se reunieron y acamparon en el valle de Elá, preparándose para presentar batalla a los filisteos. Éstos tenían sus posiciones en un monte, y los israelitas en otro, quedando separados por el valle.

4. De pronto, de entre las filas de los filisteos salió un guerrero como de tres metros de estatura. Se llamaba Goliat y era de la ciudad de Gat. 5-6. En la cabeza llevaba un casco de bronce, y sobre su cuerpo una coraza, también de bronce, que pesaba cincuenta y cinco kilos. Del mismo metal eran las placas que le protegían las piernas y la jabalina que llevaba al hombro. El asta de su lanza era como un rodillo de telar, y su punta de hierro pesaba más de seis kilos. Delante de él iba su ayudante.

8. Goliat se detuvo y dijo a los soldados israelitas:

— ¿Para qué han salido en orden de combate? Puesto que yo soy un filisteo, y ustedes están al servicio de Saúl, elijan a uno de ustedes para que baje a luchar conmigo. 9. Si es capaz de pelear conmigo y vencerme, nosotros seremos esclavos de ustedes; Si es capaz de pelear conmigo y vencerme, nosotros seremos esclavos de ustedes; pero si yo lo venzo, ustedes serán nuestros esclavos. 10. En este día, yo lanzo este desafío al ejército de Israel: ¡Denme un hombre para que luche conmigo!

11. Al oír Saúl y todos los israelitas las palabras del filisteo, perdieron el ánimo y se llenaron de miedo.

Notas al pie:

17.1 Soco y Azeca: Soco estaba bajo el control de los israelitas, mientras Azeca estaba en manos de los filisteos.

17.4 más de nueve pies: Según el Texto Hebreo Estándar: los Rollos del Mar Muerto y algunos manuscritos antiguos dicen "casi siete pies".

La historia bíblica anterior es un excelente ejemplo del poder del miedo... v11, Saúl y sus hombres estaban tan asustados que no podían hacer nada. Esto es lo que hace el miedo, el miedo nos paraliza, nos vuelve inútiles y limita nuestra productividad. El ejército de Israel se encontraba en estado de confusión e inmovilizado por un solo gigante, al que temían más que a nada. ¿Qué miedos hay en mi vida? ¿Estoy enfrentando problemas tan grandes como este gigante? El problema que Saúl y su ejército enfrentaba tenía un nombre y un rostro. Era fácil de identificar y discernir. ¿Me he tomado el tiempo para identificar y discernir correctamente a los enemigos que temo y me mantienen paralizado? ¿Qué es lo que me agobia e impide mi progreso? ¿Qué se interpone en mi camino y no me permite obtener ese ascenso o la mejoría en mis ingresos necesarios para mantener mi "definición de libertad financiera total?" Porque – esto es seguro - tengo un enemigo. Servir a Dios significa tener un enemigo natural, el cual no es diferente de los filisteos, quienes eran los enemigos naturales de Israel. En mi caso, Satanás, es mi enemigo acérrimo. Él es el enemigo de Dios, y es, naturalmente, el enemigo de todos los que quieran servir a Dios. El enemigo de Dios es mi enemigo. Satanás no ha cambiado sus tácticas; aún trabaja por medio de la intimidación y el miedo. Así que las preguntas siguen siendo:

- ¿Qué me está intimidando?

- ¿Cuál es el miedo que me impide avanzar hacia mi definición de libertad financiera total?

- ¿Qué es lo que me retiene?

- ¿Qué me hace temblar de miedo ante la idea de intentarlo?

- ¿Qué me causa ansiedad cuando pienso en ello?

La respuesta a estas preguntas me mostrará cuál es mi verdadero enemigo y mi verdadero temor.

El ejército de Saúl no tuvo problemas para identificar a su verdadero enemigo. Era grande, fuerte, orgulloso, fanfarrón y se pavoneaba delante de ellos de un lado a otro, durante 40 días, gritándoles obscenidades y burlándose de ellos y de su Dios. Esta es la táctica primaria de Satanás, y con ella produce un miedo paralizante; por medio de la intimidación él trata de desmoralizar y conquistar, con una muestra de superioridad, pero todo es una farsa. Al igual que el joven pastor, David, que se enfrentó a este gigante y lo venció tan sólo con una honda y una piedra, gracias a la fe en el nombre del Señor de los Ejércitos (1 Samuel 17:40-47), Jesús derrotó al diablo en la cruz hace más de 2,000 años, y lo despojó de su arrogancia y rebeldía contra el Dios Viviente y el pueblo de Dios...

Colosenses 2:11-15

Nueva Traducción Viviente (NTV)

11. Cuando ustedes llegaron a Cristo, fueron «circuncidados», pero no mediante un procedimiento corporal. Cristo llevó a cabo una circuncisión espiritual, es decir, les quitó la naturaleza pecaminosa. Cristo llevó a cabo una circuncisión espiritual, es decir, les quitó la naturaleza pecaminosa. 12. Pues ustedes fueron sepultados con Cristo cuando se bautizaron. Y con Él también fueron resucitados para vivir una vida nueva, debido a que confiaron en el gran poder de Dios, quien levantó a Cristo de los muertos. 13. Ustedes estaban muertos a causa de sus pecados y porque aún no les habían quitado la naturaleza pecaminosa. Entonces Dios les dio vida con Cristo al perdonar todos nuestros pecados. 14. Él anuló el acta con los cargos que había contra nosotros y la eliminó clavándola en la cruz. Pero esto no es todo.

15. De esa manera, desarmó a los gobernantes y a las autoridades espirituales. Como prisioneros de guerra, los avergonzó públicamente con su victoria sobre ellos en la cruz.

¡Amen! ¡Y Amen!!!!! ¡Éstas son las mejores noticias de la historia! Jesús es nuestro "David" y Satanás nuestro "Goliat". Tan cierto como que David, el joven pastor, venció el "miedo" de Israel, nuestro Buen Pastor, Jesucristo, ha derrotado a nuestro mayor temor en la cruz. Borró completamente el miedo al juicio de Dios por nuestros pecados, clavando todas las acusaciones en contra de nosotros en la cruz y escribiendo sobre la deuda que teníamos: "¡PAGADO EN SU TOTALIDAD!"

Además, despojó a Satanás de todo su poder para intimidarnos, con el miedo a la muerte, al infierno y a la tumba, ¡triunfando sobre ellos por medio de Su muerte, sepultura y resurrección! (1 Corintios 15:51-58).

Ya no tememos, porque sabemos en Quién creemos y tenemos confianza en nuestro futuro, ¡porque Él tiene el futuro en sus manos! Nuestra confianza es en Él, no en cosas, personas o pertenencias.

Esta es nuestra confianza y nuestra armadura. David usó una honda y una piedra, y la fe en el Señor de los Ejércitos. Nosotros usamos la promesa de Dios y, por la fe en el Dios de la promesa, derrotamos a nuestros miedos, porque LA BATALLA ES DEL SEÑOR, 1 Samuel 17:47.

¿Cuál es mi mayor temor? ¡Nómbrelo! ¡Enfréntelo! La única arma de Satanás es la intimidación por medio del miedo. Lo único que puede hacer es burlarse. ¡Tome la espada del Espíritu que es la Palabra de Dios, y mate a ese impostor sin dientes que merodea como león rugiente buscando a quien devorar! Jesús le quitó los dientes al gigante en el Calvario hace más de 2,000 años. "Perro que ladra no muerde". Enfrenta el enemigo y - así como el viento dispersa al humo - la promesa de Dios, cuando la declaramos y actuamos con fe, alejará esa "niebla" de nosotros. Como se derrite la cera en el fuego, se derretirá ese fraude con la llama de la Palabra de Dios que brota de nosotros. (Nota: Salmo 68:1-4).

El temor del Señor es la verdadera sabiduría; apartarse del mal es el verdadero entendimiento (Job 28:28). Tememos a Dios y a su Palabra, no a los malvados gigantes que vienen en contra de nosotros. ¡Amen!

4. Reconstruir Sobre el Cimiento Seguro de la Fe y el Amor

El perfecto amor echa fuera el temor, 1 Juan 4:18, y vencemos al mundo por nuestra fe, 1 Juan 5:4.

Lo único que cuenta ante Dios es la fe que obra (motivada) por el amor, Gálatas 5:6.

Abraham fue contado como justo y se le llamó amigo de Dios porque le creyó a Dios, combinando su obediencia con su fe, Santiago 2:21-23. El amor de Abraham hacia Dios fue puesto a prueba cuando Dios le pidió que pusiera a su hijo, el hijo de la promesa, a Isaac, sobre el altar del sacrificio. El corazón de Abraham fue probado cuando colocó a Isaac sobre el altar, dispuesto a matarlo, como un acto de adoración al Señor. ¿Qué era lo más importante para Abraham? ¿Su relación con el Señor que le había dado el hijo de la promesa? ¿O era el hijo de la promesa más importante que el Dios que lo había prometido? ¿El don? ¿O el Dador del don? Abraham eligió el Dador de la vida por encima del don y Dios proveyó un sustituto para su hijo, un carnero cuyos cuernos estaban atorados en un zarzal; y Abraham llamó a este lugar, Jehovah-Jireh: el Señor proveerá. **Esta fue una demostración de la fe de Abraham, la cual estaba motivada por el amor supremo por su Dios y Proveedor.** El corazón de Abraham fue probado. No había ídolos allí. Su adoración y servicio a su Señor y Rey era puro y santo. La fe y la vida de Abraham estaban firmemente establecidas sobre un cimiento sólido. A Abraham se le podían confiar las riquezas de este mundo, simplemente porque ellas no lo poseían a Él. Él las poseía a ellas.

Entonces, Dios le pudo decir a Abraham...

Génesis 22:12-18

La Voz:

Nueva Traducción Viviente

12. En ese momento, el ángel del Señor lo llamó desde el cielo: ¡Abraham! ¡Abraham!

—Sí —respondió Abraham—, ¡aquí estoy!

— ¡No pongas tu mano sobre el muchacho! —Dijo el ángel—. No le hagas ningún daño, porque ahora sé que de verdad temes a Dios. No me has negado ni siquiera a tu hijo, tú único hijo.

13. Entonces Abraham levantó los ojos y vio un carnero que estaba enredado por los cuernos en un matorral. Así que tomó el carnero y lo

sacrificó como ofrenda quemada en lugar de su hijo. 14. Abraham llamó a aquel lugar Yahveh-jireh (que significa «el Señor proveerá»). Hasta el día de hoy, la gente todavía usa ese nombre como proverbio: «En el monte del Señor será provisto».

15. Luego el ángel del Señor volvió a llamar a Abraham desde el cielo.

16. —El Señor dice: Ya que me has obedecido y no me has negado ni siquiera a tu hijo, tu único hijo, 17. Juro por mi nombre que ciertamente te bendeciré. Multiplicaré tu descendencia hasta que sea incontable, como las estrellas del cielo y la arena a la orilla del mar. Tus descendientes conquistarán las ciudades de sus enemigos; 18 y mediante tu descendencia, todas las naciones de la tierra serán bendecidas. **Todo esto es, porque has obedecido Mi voz.**

Llegamos al clímax de la historia del pacto de Abraham. Dios puso a prueba a Abraham, y la pasó con calificaciones sobresalientes. Él sabía que de alguna manera Dios proveería, porque antes les dijo a sus criados que él y su hijo volverían de la montaña. Él también sabía que las promesas del pacto de Dios se iban a cumplir a través de Isaac y no de otro. Aunque Abraham estaba dispuesto a sacrificarlo, esperaba que Isaac siguiera siendo el instrumento que iba a llevar las bendiciones de Dios al mundo. ¿Cómo podría suceder todo esto? Solamente Dios lo sabía, y Abraham confiaba en Dios y en Sus promesas. El nivel de la confianza de Abraham es incomparable en todas las Escrituras. Esta es la razón por la cual él es el padre de nuestra fe.

Final de la cita Bíblica. (Tomado de "Voice English translation")

Al principio de la lista de Abraham: **"Personas que Amo"** - **"Cosas que Amo"** - **"Lugares que Amo"**, estaba DIOS, en las tres categorías. Por sus acciones demostró que Dios estaba en el primer lugar, incluso antes que su amor por Isaac. Su respuesta al llamado de Dios a **adorarlo**, demostró que eso era lo que él amaba más que cualquier otra cosa. Era su prioridad. El deseo de Abraham de estar en el lugar donde estaba la presencia de Dios, se ve en su obediencia al ir al monte que Dios había elegido para reunirse con él. **DIOS era la Persona, la Cosa, y el Lugar que Abraham honraba sobre todo,** por lo que lo llamaron el Amigo de Dios y se le confiaron las riquezas de Dios, para la expansión del Reino y la influencia de Dios en la tierra.

¿Qué hay en mi lista de "Personas - Cosas - Lugares?" ¿Cuáles son mis prioridades? ¿Está Dios al principio de mi lista en cada categoría?

¿He hecho una lista? ¿Me he visto en ese espejo? ¿Cuántos defectos veo? Espero que no muchos. Espero que Dios esté por encima de los ídolos del orgullo, la ambición, la auto-exaltación y el egoísmo, y que las riquezas de este mundo ocupen el lugar que les corresponde a los pies de Jesús, cerca de la cruz.

Si hago una lista y la comparo a la lista que Jesús haría, ¿cómo se vería? Pienso que de alguna manera las personas, las cosas y los lugares a los que Jesús les daría prioridad serían diferentes de los míos. Por ejemplo cuando pienso en las personas que amo, mi familia, mis amigos, etc. Cuando pienso en las cosas que me encantan, quizá incluiría una nueva computadora o sillas de oficina, una pintura o un póster, un café en Juan Valdez u OMA, etc. etc. Cuando pienso en mis sitios favoritos inmediatamente vienen a mi mente los lugares del mundo en donde he estado: Ucrania, Sudamérica, China, etc. Mi lista contiene principalmente cosas que se pueden calificar como terrenales.

¿Ahora, cómo sería la lista de Jesús?

Las Personas a las que Jesús Ama: los humildes, los mansos, los misericordiosos, los pobres de espíritu, los perseguidos a causa de Su nombre, los de corazón quebrantado, quienes tienen un corazón contrito, los arrepentidos, los fieles, los justos que confían en Él por fe, los puros de corazón, los caritativos, los obedientes, por mencionar a unos cuantos.

Las Cosas que Jesús Ama: Amabilidad, perdón, reconciliación, bondad, misericordia, fe, esperanza, caridad, verdad, gracia, cortesía, humildad, etc.

Los Lugares que Jesús Ama: Descansar en las promesas de Dios, el contentamiento, permanecer, preocuparse por los demás, compartir, amarse unos a otros, la paz, el gozo, la abundancia, la satisfacción, la oración, la adoración... el Jardín de Getsemaní era uno de esos lugares, a donde Jesús y sus discípulos iban a menudo en busca de descanso, relajación, restauración, sanidad, más instrucciones, oración, y de interactuar con Dios y los unos con los otros, Juan 18:1 - 2. Estos son algunas de las Personas, Cosas y Lugares que Jesús amaba y sigue amando hoy día.

¿En qué se diferencia esta lista de la mía? Su lista es mucho más espiritual, ya que va dirigida principalmente hacia el alma, al hombre interior. Mi lista es mucho más terrenal o humana, ya que está dirigida más hacia el exterior, hacia mis cinco sentidos. Quizá las cosas de mi lista no sean malas en sí, y en realidad pueden ser valiosas y tener su espacio, pero las cualidades internas del corazón, no las externas que perecen, son las que deben ser mi prioridad. Esta es una excelente manera de revisar mi corazón y ver en dónde está realmente el cimiento de mi fe y de mis creencias. Si amo a Jesús, entonces también debo amar a las personas, cosas y lugares que Él ama.

Recuerde, la fe en la Persona y en las promesas de Dios, motivadas por Su Amor, es el único cimiento seguro. Estoy reconstruyendo sobre una base más sólida. La luz del Evangelio de la gracia de Dios está empezando a penetrar la oscuridad profunda de mi alma y a restaurar el orden correcto en mi vida. Ya no más ídolos en el corazón. No más oscuridad en cuanto a quién es Dios, y cuál es Su voluntad para mí. El desastre caótico y sin forma que caracterizó mi vida, está comenzando a tomar forma y a adquirir cierto sentido. ¡A Dios sea la gloria por las cosas maravillosas que está haciendo en mí!

5. El Tiempo es una Semilla

Alguien dijo, "el tiempo es oro". Si esto es cierto y el tiempo es esencial, si el tiempo es oro, entonces, ¿dónde, qué, cómo y cuándo debería invertir mi tiempo para MAXIMIZAR mis resultados?

¿Qué valora Dios? ¿Qué valoro yo? Dios está poniendo mi vida en orden, por lo que ahora mis valores deben estar más en línea con Sus valores. ¿Cómo vio Jesús el tiempo que pasó en la Tierra?

Juan 9: 1-7

Nueva Traducción Viviente (NTV)

Jesús Sana a Un Hombre Ciego de Nacimiento

1. Mientras caminaba, Jesús vio a un hombre que era ciego de nacimiento.

2. —Rabí, ¿por qué nació ciego este hombre? —le preguntaron sus discípulos—. ¿Fue por sus propios pecados o por los de sus padres?

3. —No fue por sus pecados ni tampoco por los de sus padres —contestó Jesús—, nació ciego para que todos vieran el poder de Dios en él.

4. Debemos llevar a cabo cuanto antes las tareas que nos encargó el que nos envió. Pronto viene la

noche cuando nadie puede trabajar; 5. pero mientras estoy aquí en el mundo, yo soy la luz del mundo.

6. Luego escupió en el suelo, hizo lodo con la saliva y lo untó en los ojos del ciego. 7 Le dijo: «Ve a lavarte en el estanque de Siloé», (Siloé significa «enviado»). Entonces el hombre fue, se lavó, ¡y regresó viendo!

Juan 4: 27-38

Nueva Traducción Viviente (NTV)

27. Justo en ese momento, volvieron sus discípulos. Se sorprendieron al ver que Jesús hablaba con una mujer, pero ninguno se atrevió a preguntarle: «¿Qué quieres de ella?» o «¿Por qué le hablas?». 28. La mujer dejó su cántaro junto al pozo y volvió corriendo a la aldea mientras les decía a todos: 29. «¡Vengan a ver a un hombre que me dijo todo lo que he hecho en mi vida! ¿No será éste el Mesías?». 30. Así que la gente salió de la aldea para verlo.

31. Mientras tanto, los discípulos le insistían a Jesús:

—Rabí, come algo.

32. Jesús les respondió:

—Yo tengo una clase de alimento que ustedes no conocen.

33. «¿Le habrá traído alguien de comer mientras nosotros no estábamos?» —se preguntaban los discípulos unos a otros.

34. Entonces Jesús explicó:

—Mi alimento consiste en hacer la voluntad de Dios, quien me envió, y en terminar su obra.

35. Ustedes conocen el dicho: "Hay cuatro meses entre la siembra y la cosecha", pero yo les digo: despierten y miren a su alrededor, los campos ya están listos para la cosecha. 36. A los segadores se les paga un buen salario, y los frutos que cosechan son personas que pasan a tener la vida eterna. ¡Qué alegría le espera tanto al que siembra como al que cosecha! 37. Ya saben el dicho: "Uno siembra y otro cosecha", y es cierto. 38. Yo los envié a ustedes a cosechar donde no sembraron; otros ya habían hecho el trabajo, y ahora a ustedes les toca levantar la cosecha.

Jesús no era un holgazán. Inclusive cuando apenas tenía doce años, a Jesús lo encontraron en el templo rodeado de hombres sabios que escuchaban y le hacían preguntas. Y todos los que lo oían estaban asombrados de Su conocimiento y sus respuestas. Jesús les dijo a

Sus padres, "¿No saben que debo estar en los negocios de Mi Padre?".

Jesús cumplía una misión. Tenía un trabajo qué realizar para el Padre. Jesús nunca se permitió desviarse de Su llamado. Él conocía a Su Padre del cielo y sabía cuál era Su plan de salvación para el mundo; conocía el carácter y el corazón de Su Padre. Él sabía quién era Él mismo, el Hijo de Dios venido a la tierra con un propósito santo: revelar la naturaleza de Su Padre, llena de gracia y verdad, y redimir de la maldición de la ley y de la perdición eterna al hombre caído - con la sangre de Su propio sacrificio en la cruz – como el Cordero Pascual de Dios sin mancha.

Esta era Su Misión; Su tarea; Su llamado. Él era la Luz del mundo y el orden de Dios estaba siendo restablecido a un nivel personal, por medio de la experiencia de nacer de nuevo por la fe en la sangre de Su sacrificio en la cruz; de esta forma terminó con el imperio de terror, muerte y destrucción que Satanás había impuesto sobre la vida de los creyentes. Satanás, quien había usurpado y robado la autoridad de Adán sobre el primer reino - mediante las mentiras y engaños que usó en el Jardín de Dios - fue juzgado y derrotado en el momento de la crucifixión de Cristo. La ejecución final de este juicio vendrá mil años después, al final del gobierno y reino de Cristo en la Tierra, según dice Apocalipsis 20, cuando Satanás y sus seguidores serán arrojados al lago ardiente de fuego. Después vendrá la nueva Tierra, el nuevo Cielo, y la nueva Jerusalén y un hogar con Jesús, el Cordero de Dios, con el Padre, y con los santos de todos los tiempos, que vivirán libres de pecado y oscuridad para siempre - Apocalipsis 21-22. ¡Amén! ¡Amen! ¡Amen!

Para esto se manifestó el Hijo de Dios, para deshacer las obras del diablo. 1 Juan 3:8

Al principio dijo Dios: "¡Que haya luz!", y hubo luz. Y separó Dios la luz de las tinieblas. Y llamó Dios a la luz Día, y a las tinieblas llamó Noche.

El mismo que era la Luz del Mundo y, de hecho, Aquél que había creado la luz en el principio, entró a un mundo caído lleno de terrible oscuridad, caos, confusión, desconfianza, maldad, enfermedad, pobreza, quebranto, carencias y necesidad. Y como era de esperar, la Luz comenzó a corregir el mal y a traer el orden de Dios de nuevo, a un mundo tumultuoso y rebelde, que estaba bajo el dominio del Príncipe de las Tinieblas, el Príncipe de este mundo, Satanás, quien lo había arrebatado de las manos del primer Adán a través del engaño.

Ahora, sigue la escena en la cual la Biblia se refiere a Jesús, como el Segundo Adán o el último Adán (1 Corintios 15:45) y, cuando Él viene, el orden natural de las cosas comienzan a funcionar como debía ser. La Luz elimina a la oscuridad y derriba el reino de Satanás, de la misma manera en la que la luz brillante expulsa a la noche oscura. ¡Que haya luz!: y hubo luz. Esto es todo en pocas palabras. En el comienzo de la creación Dios dijo y así fue hecho.

En este nuevo comienzo, Jesús, el Hijo de Dios, concebido del Espíritu Santo en el vientre de una virgen, nacido como Hijo del Hombre, llegó el Redentor de Dios para una raza y un mundo caído. El orden de Dios fue restablecido, reiniciado y restaurado por medio de la Luz del Mundo. Por medio de la fe en nuestro Dios y Salvador Jesucristo somos una nueva creación y parte de este nuevo orden.

2 Corintios 5:17-21

Nueva Traducción Viviente (NTV)

17 Esto significa que todo el que pertenece a Cristo se ha convertido en una persona nueva. La vida antigua ha pasado, ¡una nueva vida ha comenzado! 18 Y todo esto es un regalo de Dios, quien nos trajo de vuelta a sí mismo por medio de Cristo. Y Dios nos ha dado la tarea de reconciliar a la gente con él. 19 Pues Dios estaba en Cristo reconciliando al mundo consigo mismo, no tomando más en cuenta el pecado de la gente.

Y nos dio a nosotros este maravilloso mensaje de reconciliación. 20 Así que somos embajadores de Cristo; Dios hace su llamado por medio de nosotros. Hablamos en nombre de Cristo cuando les rogamos: «¡Vuelvan a Dios!». 21 Pues Dios hizo que Cristo, quien nunca pecó, fuera la ofrenda por nuestro pecado, para que nosotros pudiéramos estar en una relación correcta con Dios por medio de Cristo.

Notas al Pie: 2 Corintios 5:17 Cuando alguien…, mundo, O "cualquiera que esté en Cristo, es una nueva creación". 2 Corintios 5:21 pecado O "una ofrenda por el pecado."

Esto es el Nuevo Orden Mundial, (la "restauración de todas las cosas" que la Biblia habla en Hechos 21:3.) Quien diga que forma parte de esta restauración y funciona separado de la revelación de Jesucristo, según la Palabra de Dios, ha sido engañado y cegado por el dios de este mundo caído, el Príncipe del poder del aire - Efesios 2:1-3. Es el mismo mentiroso que engañó al primer hombre y a la primera mujer al principio, quien sigue trabajando. Sus tácticas para engañar no han cambiado. Todavía ofrece el fruto prohibido del árbol del conocimiento del bien y el mal con aquella misma promesa falsa. Génesis 3:4 (NTV) — ¡No morirán! —Respondió la serpiente a la mujer—. 5 Dios sabe que, en cuanto coman del fruto, se les abrirán los ojos y serán como Dios, con el conocimiento del bien y del mal".

Una visita a la morgue y un recorrido por el cementerio local, es la única prueba que se necesita, para convencer a las personas que todavía dudan de la validez de la Palabra de Dios, del engaño y las mentiras de la serpiente maligna llamada Satanás, el Diablo, la Serpiente, el Engañador.

Jesús, quien es la Verdad, conquistó a Satanás, el mentiroso. ¿De qué lado está usted? ¿A quién le sirve? ¿Qué es lo que cree? ¿Sabe quién es? ¿Un hijo de Dios, por la Fe en Su Hijo? ¿O un hijo de las tinieblas que todavía cree en una mentira? ¿Quién es usted? ¿Ya descubrió la voluntad de Dios para su vida? ¿Si no lo ha hecho, por qué no? ¿Sabe cuál es su llamado grande y santo en Jesucristo, su Dios y Salvador? ¿Si no lo sabe, por qué no? ¿Sabe cuál es la misión y el orden Divino de Dios para usted - Juan 15:16? ¿Si no lo sabe, por qué no? ¿Cuál es su problema? Ha llegado el momento de usar su tiempo con sabiduría, buscando al Rey de la Gloria con todo su corazón, mente, alma y fuerzas hasta encontrarlo.

Jeremías 29:10-14

Nueva Traducción Viviente (NTV)

10 Esto dice el Señor: "Ustedes permanecerán en Babilonia durante setenta años; pero luego vendré y cumpliré todas las cosas buenas que les prometí, y los llevaré de regreso a casa. 11 Pues yo sé los planes que tengo para ustedes —dice el Señor—. Son planes para lo bueno y no para lo malo, para darles un futuro y una esperanza. 12 En esos días, cuando oren, los escucharé. 13 Si me buscan de todo corazón, podrán encontrarme. 14 Sí, me encontrarán —dice el Señor—. Pondré fin a su cautiverio y restableceré su bienestar. Los reuniré de las naciones adonde los envié y los llevaré a casa, de regreso a su propia tierra".

Esta fue la Palabra de Dios para los antiguos israelitas que estaban encarcelados en Babilonia, y este pasaje sigue siendo cierto para usted y para mí. Habla sobre la restauración de Dios y el nuevo mundo ordenado según Sus planes, no los nuestros. Dios tiene un plan y Él llevará dicho plan a una conclusión lógica. El plan de Dios me incluye a mí. ¿Conozco Su plan para mi vida? ¿He buscado a Dios de todo corazón hasta conocer Su voluntad, Su llamado, la misión que tiene para mi vida, con toda claridad?

Jesús no tuvo dudas sobre quien era Él, o cual era su deber y tampoco nosotros deberíamos tenerlas. ¡Ve por ello Soldado Cristiano! ¡Busca al Señor hasta encontrarlo!

Isaías 50:4-10
Nueva Traducción Viviente (NTV)
El Siervo Obediente del Señor

4 El Señor Soberano me ha dado sus palabras de sabiduría, para que yo sepa consolar a los fatigados. Mañana tras mañana me despierta y me abre el entendimiento a su voluntad.

5 El Señor Soberano me habló, y yo lo escuché; no me he rebelado, ni me he alejado.

6 Les ofrecí la espalda a quienes me golpeaban y las mejillas a quienes me tiraban de la barba; no escondí el rostro de las burlas y los escupitajos.

7 Debido a que el Señor Soberano me ayuda, no seré avergonzado. Por lo tanto, he puesto el rostro como una piedra, decidido a hacer su voluntad. Y sé que no pasaré vergüenza.

8 El que me hace justicia está cerca. Ahora, ¿quién se atreverá a presentar cargos en mi contra? ¿Dónde están mis acusadores? ¡Que se presenten!

9 Miren, el Señor Soberano está de mi lado. ¿Quién me declarará culpable? Todos mis enemigos serán destruidos como ropa vieja que ha sido comida por la polilla.

10 Entre ustedes, ¿quién teme al Señor y obedece a su siervo? Si caminan en tinieblas, sin

un solo rayo de luz, confíen en el Señor y dependan de su Dios.

Jesús estaba cumpliendo una misión y estaba determinado, con todo su corazón, a cumplir la voluntad de su Padre. Puso Su rostro como una piedra y se rehusó a desviarse del plan de Dios. Derrotó las tentaciones del diablo en el desierto diciendo "ESCRITO ESTÁ" y nosotros también podemos hacerlo.

Jesús vivió siempre en el centro de la voluntad de Su Padre, investigando, estudiando, orando, adorando, hablando y actuando. Nota: Juan 5:19-20.

¿Cómo estoy viviendo? ¿Invierto mi tiempo en metas triviales o en personas, cosas y lugares que son importantes para mi momento actual y para la eternidad? Dios lo sabe y me va a ayudar a entender estas cosas.

Hay un tiempo para todo bajo el sol. No descuidemos el momento más importante, que es cuando dedicamos tiempo a buscar al Señor, en medio de esta época de nuestra vida, en la que nos corresponde hacer Su voluntad y completar la misión que nos ha encomendado, el Diseñador en Jefe y Creador de este universo.

El tiempo es mi semilla para el futuro. La forma en la que pasamos nuestro tiempo en la tierra es la que determinará cuál será nuestra recompensa, tanto en esta vida como en la vida futura. Que Dios nos ayude a contar nuestros días y a usar nuestro tiempo con sabiduría, para Su gloria, nuestro propio beneficio, el beneficio de muchos otros, y la expansión de Su reino eterno.

Si "el tiempo es oro" ¿qué haré con esta materia prima que se me proporciona en cuotas de 24 horas exactas cada día? ¿Qué haré con mi definición de libertad financiera?

Lucas 4:18-19 «El Espíritu del Señor está sobre mí. Me ha ungido para proclamar buenas noticias a los pobres; me ha enviado a proclamar libertad a los cautivos, a dar vista a los ciegos, a poner en libertad a los oprimidos [19] y a proclamar el año de la buena voluntad del Señor.»

6. Estilo de Vida

¿Cuál era el estilo de vida de Jesús?

Es muy buena idea estudiar la vida de alguien que nunca ha estado endeudado, que nunca dejó una factura sin pagar, y que nunca se atrasaba con la hipoteca o el pago del alquiler; alguien que siempre tuvo más que suficiente para cubrir sus propias necesidades y para dar a los necesitados; alguien que tenía la capacidad de alimentar a miles con migajas hasta quedar satisfechos y aún quedaban cestas llenas de sobrantes; alguien que pagaba sus impuestos a tiempo y en su totalidad, y que necesitaba un tesorero en su empresa.

¿Soy yo así? ¿Si no, por qué? ¿Estaré estudiando los modelos equivocados? ¿Estaré permitiendo que los principios y las instrucciones de este mundo caído funcionen como mis mentores? ¿Podría ser que la serpiente antigua, el engañador, el mentiroso, Satanás, esté dominando mi mundo financiero por medio de la desinformación y las mentiras descaradas? ¿Es posible que las tinieblas, el caos, la deuda y la destrucción sean lo que define mi situación financiera? ¡Si es así, es hora de encender la luz! ¡Es hora de cambiar mi enfoque; es hora de cambiar mi estilo de vida!

Jesús le daba más importancia a su estilo de vida que a un destino. Él enseñaba por medio de Sus Palabras y Sus Obras. Sus obras eran los milagros que realizaba en nombre de Su Padre. Sus milagros eran un testimonio de quien era Él y confirmaban Sus palabras. Las Palabras y las obras de Jesucristo traían vida, paz alegría, salud, liberación, salvación y reconciliación. Jesús vivía una vida llena de paz, felicidad, obediencia, humildad y devoción absoluta a la voluntad de Su Padre del Cielo.

¿El resultado? A donde Jesús iba, la Luz derrotaba a la oscuridad. El sordo podía oír. El mudo hablaba. Los inválidos caminaban; los leprosos eran sanados, al igual que todos los enfermos. A los hambrientos se les saciaba el hambre. Los muertos resucitaban.

Esto es exactamente lo que se espera de Quien proclamaba ser el Hijo de Dios, la Luz del Mundo, el Pan Vivo de Dios que bajó del cielo, el Agua Viva, que da agua para la vida eterna. Emmanuel - Dios con nosotros. Y llamarás Su nombre, Jesús, Salvador.

El estilo de vida de Jesús se conformaba al Orden y al mandato de Dios. Cuando el ángel del Señor habló con María la Virgen y le dijo que iba a concebir y dar a luz a un hijo, al que llamaría Jesús, el mensajero de Dios estaba diciendo en realidad: **"Que se haga la Luz"** Nota: Lucas 2:26-38 **Y en Su nacimiento hubo Luz.** Leer Lucas 2:1-40.

Este es el modelo de Dios para la restauración, remodelación y reconstrucción, y se aplica a nuestras finanzas conforme se aplica a nuestra alma eterna. Dios lleva Su Palabra a nuestro oscuro mundo de las deudas, las dificultades económicas y la confusión. En efecto, esta Palabra es el "¡Que haya luz!" de Dios, personalmente para usted y para mí. Va dirigido a nuestro problema específico. Es el orden de Dios. El mandato de Dios: "Sé sano. Sé restaurado". Dios nos está diciendo: "Sé hecho a mi imagen. Ven a Mi Luz y Mi libertad. Ven a mí. Adopta Mi estilo de vida, que consiste en una sumisión tranquila a la voluntad del Padre. Sométete con humildad a Mi plan para tu vida". Confía en el Plan del Maestro con plena certeza de fe y confianza; puedes estar seguro de que Su plan, es mucho mejor que el tuyo. Es Su plan para tu éxito en esta vida y en la venidera.

Isaías 30:15

Nueva Traducción Viviente (NTV)

15 Esto dice el Señor Soberano, el Santo de Israel: «Ustedes se salvarán sólo si regresan a mí y descansan en mí. En la tranquilidad y en la

confianza está su fortaleza; pero no quisieron saber nada de esto.

El Señor invita a Su pueblo a que se apoye en Él. Si ellos dejasen de estar tan ocupados y llenos de confianza en sí mismos, Dios cuidaría de ellos. Pero se negaron. (Comentario de NLT, English)

Las bendiciones para el Pueblo de Dios

18 Así que el Señor esperará a que ustedes acudan a él para mostrarles su amor y su compasión. Pues el Señor es un Dios fiel. Benditos son los que esperan su ayuda.

Jesús fue el Sembrador Perfecto

A. Una vida marcada por Su sumisión humilde y Su obediencia explicita a la voluntad del Padre.

B. Una vida marcada por la compasión, el amor, la piedad, la verdad, el dar, el preocuparse por los demás y el compartir.

C. Una vida marcada por el auto-sacrificio

D. Una vida marcada por la oración y la devoción a Su Padre en el Cielo.

E. Una vida marcada por Su voluntad de servir.

F. Una vida marcada por sus siembras – por donde quiera que iba Jesús, sembraba semillas de verdad, amor, misericordia, perdón, bondad, gracia, compasión y perdón, hasta que, por último, sembró Su propia vida como semilla, por medio de Su muerte en la cruz. Sembró en nosotros Su semilla de amor cuando aún estábamos en pecado y éramos Sus enemigos. ¿Qué clase de amor es este? ¿Qué clase de Sembrador haría estos actos de misericordia y compasión? ¿Qué clase de Mentor es este? ¿Este es el estilo de vida de un Campeón? ¿Es este el estilo de vida que lleva a la abundancia? ¿Será esta la respuesta a mi desorden financiero?

Recuerde, Jesús nunca le debió un centavo a nadie, siempre pagaba sus cuentas a tiempo, le dio de comer a las multitudes con migajas de pan, necesitaba de un tesorero y ayudaba a los pobres. Nunca le faltó un lugar donde dormir - a pesar de que nunca tuvo propiedades. **Su Padre del Cielo era Su seguridad y Su provisión para las necesidades de Su visión.** Jesús nunca pasó necesidades en toda Su vida. Inclusive durante el ayuno de 40 días en el desierto – cuando fue tentado por el diablo – recibió todas las fuerzas necesarias y, al final, los ángeles le servían. Siempre tuvo lo suficiente y aún más en Su vida. Vivía rodeado de milagros y de la provisión de Dios y nunca dejó de recibir toda cosa buena de la mano de Su Padre del Cielo.

¿No es esto la libertad financiera? La Libertad Financiera tiene más relación con buscar a Dios y adoptar el estilo de vida del Comandante en Jefe de las tropas de Dios, Jesucristo. La Libertad financiera tiene más relación con esto, que con buscar la riqueza terrenal y las posesiones que pronto se destruyen con el uso, contrario a lo que nos enseña este mundo caído.

"¡Que haya luz!"

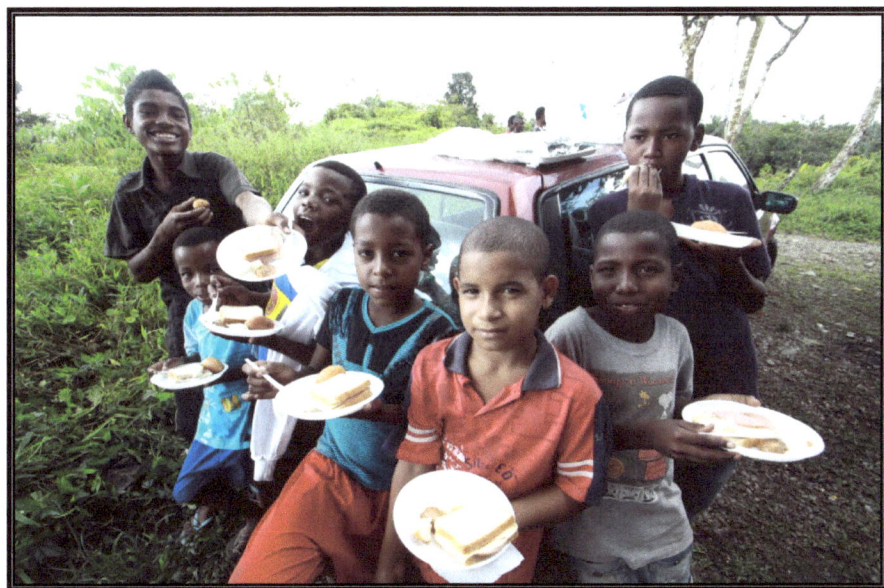

Jesús, el último Sembrador, sembró su amor y su vida, en todos los que vinieron a Él; y por su estilo de vida altruista de siembra, se inició la restauración del orden del Reino de Dios y el Código de Conducta en la vida de todos los que Él tocó. Si "el tiempo era dinero" entonces Jesús pasó la mayor parte de su ministerio y al cuidado de los pobres. Jesús nunca estaba demasiado ocupado, para detenerse en el la camino por uno de estos necesitados.

7. Código de Conducta

Regla de Oro del Reino

2 Timoteo 2:15

Nueva Traducción Viviente (NTV)

Un Obrero Aprobado

15 Esfuérzate para poder presentarte delante de Dios y recibir su aprobación. Sé un buen obrero, alguien que no tiene de qué avergonzarse y que explica correctamente la palabra de verdad.

Dios ha establecido un orden o estándar para llevar a cabo los negocios del Reino, de la misma manera que el sistema de este mundo también tiene un orden. Vivimos en un universo ordenado a pesar de que el mundo ha sido groseramente distorsionado y pervertido por el pecado. Hay ciertas cosas que nunca van a cambiar.

Observe el sol, la luna y las estrellas. El sol siempre aparecer en el este y se oculta en el oeste. Esto siempre es así. El Sol se mantiene constantemente en su lugar. Hay 24 horas en cada uno de los días y eso siempre es así. La tierra rota sobre su propio eje sin fallar y nunca le falta ni un solo día. La tierra gira alrededor del sol cada 365-1/4 días sin fallar. La gente nace y vive en la tierra cierta cantidad de tiempo prescrito. La gente muere. Esto siempre es así. Hay un orden para todo. El sol nace. El sol se esconde. Las cuatro estaciones se suceden una a la otra en orden; siembra y cosecha, frío y calor, día y noche. Una sucede a la otra.

Cada negociante experto sabe que existe un código de conducta único para su profesión; hay un código eléctrico para el electricista, un código de plomería y calefacción para el plomero, un código de construcción para el arquitecto, el ingeniero y el constructor. Cada quien tiene su propio estándar y código de conducta.

El orden del Reino es Dios primero, yo segundo; siempre y sin variación. El camino de Dios es el que se sigue, no es el mío, pues mi camino es contrario al de Él. Todas las reglas del Reino empiezan con Dios en primer lugar. Esta es la Luz que necesitamos para navegar por este mundo lleno de oscuridad, pecado y confusión. Estamos conversando sobre finanzas y libertad financiera desde la perspectiva de Dios. No voy a mencionar todo lo que la Palabra de Dios dice sobre esto, sólo daré lo necesario para despertar el apetito y dar una dirección sólida. Dependerá del lector si quiere seguir adelante en su investigación y búsqueda personal.

Malaquías 3:6-12
Nueva Traducción Viviente (NTV)
Robarle a Dios

6 Yo soy el Señor y no cambio. Por eso ustedes, descendientes de Jacob, aún no han sido destruidos. 7 Desde los días de sus antepasados, han despreciado mis decretos y los han desobedecido. Ahora, vuelvan a mí y yo volveré a ustedes, dice el Señor de los Ejércitos Celestiales. »Pero ustedes preguntan: "¿Cómo podemos volver cuando nunca nos fuimos?".

8 »¿Debería el pueblo estafar a Dios? ¡Sin embargo, ustedes me han estafado! »Pero ustedes preguntan: "¿Qué quieres decir? ¿Cuándo te hemos estafado?". »Me han robado los diezmos y ofrendas que me corresponden.

9 Ustedes están bajo maldición porque toda la nación me ha estado estafando. 10 Traigan todos los diezmos al depósito del templo, para que haya suficiente comida en mi casa. Si lo hacen —dice el Señor de los Ejércitos Celestiales— les abriré las ventanas de los cielos. ¡Derramaré una bendición tan grande que no tendrán suficiente espacio para guardarla! ¡Inténtenlo! ¡Pónganme a prueba!

11 »Sus cosechas serán abundantes porque las protegeré de insectos y enfermedades. Las uvas

no caerán de las vides antes de madurar —dice el Señor de los Ejércitos Celestiales—.

12 Entonces todas las naciones los llamarán benditos, porque su tierra será un deleite, dice el Señor de los Ejércitos Celestiales.

Esta es una de las escrituras más poderosas de la Biblia ¡y es el único lugar en el que Dios nos desafía a "PONERLO A PRUEBA!". Trata sobre el dinero y ayudar a la obra de Dios por medio de los diezmos y ofrendas. Algunas de las promesas más asombrosas de la Biblia - que hablan sobre nuestras finanzas - están en estos pocos versículos: son las promesas de abundancia y protección sobrenatural de Dios. Sus promesas de favor con otras personas y otras naciones.

¿Nuestro papel en esto? Obedecer Su código de conducta en lo concerniente al diezmo. Parece demasiado bueno para ser verdad pero, de nuevo, ¿por qué no probamos la Palabra de Dios y ponemos a prueba a Dios, mientras Él reprende a los desobedientes? ¿Qué pasa si esto no funciona? Entonces Dios sería mentiroso y Su Palabra no sería verdad.

Por otra parte, ¿qué pasaría si funcionara? ¿Cuándo fue la última vez que cayó sobre usted la bendición financiera de Dios, como lluvia del cielo? ¿Qué tiene que perder? Veamos... ¿Qué es el 10%, si de todos modos no tengo lo suficiente para pagar mis cuentas y estoy apretado en mis finanzas? De acuerdo con este cálculo rápido, podemos ver que realmente no tenemos nada que perder, ya estamos perdiendo. Sin embargo, tenemos mucho que ganar si la promesa de Dios es verdadera.

Hay muchas escrituras en la Biblia que tratan sobre el diezmo y las ofrendas, comenzando por Abraham cuando le dio el diezmo a Melquisedec, Rey de Salem - Génesis 14:18-20.

Isaac sembró en tiempo de sequía y hambruna – tal y como Dios se lo mandó - y recibió cien veces más de lo que invirtió, Génesis 26:1-14.

Jacob prometió darle el diezmo al Señor en respuesta a Su ayuda y protección para su vida - Génesis 28:20-22.

El Dios de Abraham, Isaac y Jacob no ha cambiado. Él es el mismo de ayer, hoy y siempre. Hebreos 13:8. Él es mi Dios. En Aquel que nunca cambia, colocaré mi confianza. Amén.

2 Corintios 9:6-15

Dios Habla Hoy (DHH)

Dar dinero es una de las cosas más difíciles para los creyentes, especialmente cuando hay cuentas qué pagar y más gastos que ingresos. Sin embargo, ayudar a los demás en sus necesidades físicas - y no solamente en sus necesidades espirituales - es un principio fundamental de la espiritualidad Cristiana. Tal vez sería más fácil dar de nuestros recursos financieros, si nos alejáramos del constante consumismo, y tuviéramos un estilo de vida simple. De esa forma, no solamente tendríamos la voluntad, sino también la habilidad de compartir las bendiciones de Dios con los demás. (Comentario de Voice)

6 Acuérdense de esto: El que siembra poco, poco cosecha; el que siembra mucho, mucho cosecha. 7 Cada uno debe dar según lo que haya decidido en su corazón, y no de mala gana o a la fuerza, porque Dios ama al que da con alegría. 8 Dios puede darles a ustedes con abundancia toda clase de bendiciones, para que tengan siempre todo lo necesario y además les sobre para ayudar en toda clase de buenas obras. 9 La Escritura dice: «Ha dado abundantemente a los pobres, y su generosidad permanece para siempre.»

10 Dios, que da la semilla que se siembra y el alimento que se come, les dará a ustedes todo lo necesario para su siembra, y la hará crecer, y hará que la generosidad de ustedes produzca una gran cosecha. 11 Así tendrán ustedes toda clase de riquezas y podrán dar generosamente. Y la colecta que ustedes envíen por medio de nosotros, será motivo de que los hermanos den gracias a Dios. 12 Porque al llevar esta ayuda a los hermanos, no solamente les llevamos lo que

les haga falta, sino que también los movemos a dar muchas gracias a Dios. 13 Y ellos alabarán a Dios, pues esta ayuda les demostrará que ustedes obedecen al evangelio que profesan, al evangelio de Cristo. También ellos honrarán a Dios por la generosa contribución de ustedes para ellos y para todos. 14 Y además orarán por ustedes con mucho cariño, por la gran bondad que Dios les ha mostrado a ustedes. 15 ¡Gracias a Dios, porque nos ha hecho un regalo tan grande que no tenemos palabras para expresarlo!

Notas: 9:7 Proverbios 22:8… 9:9 Salmo 112:9

Una vez más leemos palabras que son casi increíbles ¿Realmente estas palabras pertenecen a la Biblia? ¿Pensaba usted que Dios quería que estuviera enfermo, fuera pobre y menesteroso y viviera en la quiebra, con el fin de enseñarle algo? De acuerdo con las palabras anteriores, Dios no nos quiere en esa condición. Seguramente hemos estado escuchando al Diablo y creyendo en sus mentiras. Es entonces cuando debemos recordar que… en el principio Dios trajo orden y una estructura al mundo, cuando Él llamó todo a la existencia y dijo, "Que se haga la luz: y se hizo la luz". ¿Será posible que estas sean las palabras de luz, gracia y verdad que Dios me ha enviado para que inicie mi camino de recuperación hacia la TOTAL LIBERTAD FINANCIERA? Seguro que sí.

Proverbios 10:4

Dios Habla Hoy (DHH)

4 Poco trabajo, pobreza; mucho trabajo, riqueza.

¿Qué dijo Jesús acerca de dar y de la ética del trabajo?

Mateo 23:23

Nueva Traducción Viviente (NTV)

23 ¡Qué aflicción les espera, maestros de la ley religiosa y fariseos! ¡Hipócritas! Pues se cuidan de dar el diezmo sobre el más mínimo ingreso de sus jardines de hierbas,[a] pero pasan por alto los aspectos más importantes de la ley: la justicia, la misericordia y la fe. **Es cierto que deben diezmar, pero sin descuidar las cosas más importantes.**

Notas al pie:

Mateo 23:23 - En griego, diezman la menta, el eneldo y el comino.

Lucas 21:1-4

Nueva Traducción Viviente (NTV)

La Ofrenda de la Viuda

21 Mientras Jesús estaba en el templo, observó a los ricos que depositaban sus ofrendas en la caja de las ofrendas. 2 Luego pasó una viuda pobre y echó dos monedas pequeñas. 3 «Les digo la verdad —dijo Jesús—, esta viuda pobre ha dado más que todos los demás. 4 Pues ellos dieron una mínima parte de lo que les sobraba, pero ella, con lo pobre que es, dio todo lo que tenía».

Juan 12:1-8

Nueva Traducción VIviente (NTV) Jesús Ungido en Betania

12 Seis días antes de que comenzara la celebración de la Pascua, Jesús llegó a Betania, a la casa de Lázaro, el hombre a quien él había resucitado. 2 Prepararon una cena en honor de Jesús. Marta servía, y Lázaro estaba entre los que comían[a] con él. 3 Entonces María tomó un frasco con casi medio litro de un costoso perfume preparado con esencia de nardo, le ungió los pies a Jesús y los secó con sus propios cabellos. La casa se llenó de la fragancia del perfume.

4 Sin embargo, Judas Iscariote, el discípulo que pronto lo traicionaría, dijo: 5 «Ese perfume valía el salario de un año. Hubiera sido mejor venderlo para dar el dinero a los pobres». 6 No es que a Judas le importaran los pobres; en verdad, era un ladrón y, como estaba a cargo del dinero de

los discípulos, a menudo robaba una parte para él.

7 Jesús respondió: «Déjala en paz. Esto lo hizo en preparación para mi entierro. 8 Siempre habrá pobres entre ustedes, pero a mí no siempre me tendrán».

Notas al pie: 12:5 - En griego valía trescientos denarios. Un denario equivalía a la paga de un obrero por una jornada completa de trabajo.

¿Qué pensaba Jesús sobre el diezmo, las ofrendas y dar? Pensaba que era algo muy bueno y lo sigue pensando así. ¿Recuerda? Él es el mismo de ayer, hoy y siempre. Él nunca cambia. Por eso es que podemos confiar en Él absolutamente y aceptar Su palabra sin dudar. Cada promesa de Dios es un total "si" y un "amen" en Él (2 Corintios 1:20). Dar sacrificialmente toca el corazón de Dios y deja una fragancia dulce donde sea que se derrame.

Dar está establecido y es una regla de conducta en el Reino de Dios, la cual trae consigo enormes promesas de crecimiento y multiplicación. El Señor Jesús es el Mejor Sembrador; Él sembró Su propia vida en el Calvario y más de 2,000 años después, la cosecha de almas continúa.

Juan 12:24-25

Dios Habla Hoy (DHH)

24 Les aseguro que si el grano de trigo al caer en tierra no muere, queda él solo; pero si muere, da abundante cosecha. 25 El que ama su vida, la perderá; pero el que desprecia su vida en este mundo, la conservará para la vida eterna.

Esta es la Ley de la Cosecha y un Principio del Reino, que nunca envejece ni se desgasta. Jesús fue ese grano de trigo sembrado en el suelo; ahora nos dice a nosotros "síganme". Este es el punto de inicio, la tierra donde empezamos, el cimiento y la plataforma de una futura cosecha muy grande, llena de crecimiento y multiplicación. Las Palabras y las Obras de Jesucristo.

Filipenses 4:19 (RVC) [19] Así que mi Dios suplirá todo lo que les falte, conforme a sus riquezas en gloria en Cristo Jesús.

8. Orden en Nuestro Trabajo

Todo tiene que llegar al orden y sujetarse a la disciplina y la autoridad del Espíritu Santo y de la Palabra de Dios. Si queremos disfrutar de las bendiciones de la abundancia de Dios y crecer, necesitamos unirnos a Su plan de acción, Su proyecto, Su mapa hacia el éxito, Sus instrucciones.

Lucas 5:1-11

Dios Habla Hoy (DHH)

5 **Imagine estos acontecimientos:**

En una ocasión, estando Jesús a orillas del Lago de Genesaret, se sentía apretujado por la multitud que quería oír el mensaje de Dios. 2 Jesús vio dos barcas en la playa. Los pescadores habían bajado de ellas a lavar sus redes. 3 Jesús subió a una de las barcas, que era de Simón, y le pidió que la alejara un poco de la orilla. Luego se sentó en la barca, y desde allí comenzó a enseñar a la gente. 4 Cuando terminó de hablar, le dijo a Simón:

—Lleva la barca a la parte honda del lago, y echen allí sus redes, para pescar.

5 Simón le contestó:

—Maestro, hemos estado trabajando toda la noche sin pescar nada; pero, ya que tú lo mandas, voy a echar las redes.

6 Cuando lo hicieron, recogieron tanto pescado que las redes se rompían. 7 Entonces hicieron señas a sus compañeros de la otra barca, para que fueran a ayudarlos. Ellos fueron, y llenaron tanto las dos barcas que les faltaba poco para hundirse.

Los Milagros de Jesús son de diferentes tipos: Sana a los enfermos. Libera a los oprimidos. Demuestra Su poder sobre la naturaleza. Incluso revive a los muertos. Pero como narra la historia de los versículos 21-26, de Lucas 5. Uno de los más grandes milagros es el perdón. Que nuestros pecados sean perdonados — poder empezar de nuevo, que Dios separe a los creyentes de sus errores y culpas, y levantar las cargas de vergüenza y culpabilidad, — esta puede ser la mayor evidencia de que el Hijo de Dios está actuando. El Reino de Dios no envía a todos los culpable a la cárcel; Dios no ejecuta a quien quiera que haya cometido un error ni les dice que están recibiendo lo que merecen. En vez de eso, trae perdón, reconciliación, un nuevo comienzo, una segunda oportunidad. De esta manera, lleva a los personas a tener un nuevo comienzo. Jesús comunicó el mensaje del Reino por medio de palabras, señales y maravillas. Ahora Jesús encarna el mensaje en la forma en la que trata con las personas, incluyendo a los marginados como Levi. Levi es un judío que trabaja como cobrador de impuestos para los romanos: los opresores, los enemigos. ¡No es extraño que los cobradores de impuestos sean despreciados! ¿Pero cómo hace Jesús para tratar con este hombre desleal a su pueblo? Él no lo deja quedarse en su infame posición; lo invita—como al hombre paralizado— a levantarse y a caminar en una nueva dirección hacia un nuevo Rey y un nuevo Reino. (Este comentario es tomado de "Voice" English translation)

Lucas 5:8-10 Al ver esto, Simón Pedro se puso de rodillas delante de Jesús y le dijo:

— ¡Apártate de mí, Señor, porque soy un pecador!

9 Es que Simón y todos los demás estaban asustados por aquella gran pesca que habían hecho. 10 También lo estaban Santiago y Juan, hijos de Zebedeo, que eran compañeros de Simón. Pero Jesús le dijo a Simón:

—No tengas miedo; desde ahora vas a pescar hombres.

11 Entonces llevaron las barcas a tierra, lo dejaron todo y se fueron con Jesús...

Las Palabras y las Obras de Jesucristo. Estas son las instrucciones del Reino para hacer negocios con Dios. Nuestras palabras sin las obras/acciones correspondientes son muertas e inútiles de acuerdo con Santiago 2:14-26. Nuestras obras confirman y solidifican nuestra fe, haciéndola real, poderosa, tangible y capaz de cambiar vidas. Nuestras obras confirman y demuestran que nuestra doctrina es verdadera y es del Señor. Nuestras acciones correctas ayudan a autenticar nuestras palabras.

Juan 5:36-38

Nueva Traducción Viviente (NTV)

36 pero yo tengo un testigo aún más importante que Juan: mis enseñanzas y mis milagros. El Padre me dio estas obras para que yo las realizara, y ellas prueban que él me envió. 37 El Padre mismo, quien me envió, ha dado testimonio de mí. Ustedes nunca han oído su voz ni lo han visto cara a cara, 38 y no tienen su mensaje en el corazón, porque no creen en mí, que soy a quien el Padre les ha enviado.

Lucas 19:13

Nueva Traducción Viviente (NTV)

13 Antes de partir, reunió a diez de sus siervos y dividió entre ellos cinco kilos de plata,

diciéndoles: "Inviertan esto por mí mientras estoy de viaje".

Jesús estimula el trabajo duro y el empleo honesto, con una visión dirigida a incremento y a multiplicación. En la historia de Lucas 5, vemos que los discípulos estuvieron toda la noche pescando en el lago y no lograron sacar nada. Están decepcionados en la orilla, limpiando sus redes, cuando Jesús se acerca y le pregunta a Pedro si puede usar su bote como plataforma para predicar, con el fin de alcanzar a la multitud. Pedro accede y empuja el bote un poco para alejarlo de la orilla.

Cuando terminó de hablar, Jesús le dijo a Simón: —Ahora ve a las aguas más profundas y echa tus redes para pescar. Al principio Pedro estuvo renuente, pero luego decide obedecer la voz de Aquel en quién está aprendiendo a confiar, así que él y los otros se van a aguas más profundas, como Jesús se los ordenó.

Este fue su primer acto de negarse a sí mismos; sus voluntades en sumisión a Su voluntad. La semilla de sus voluntades, se sembraron en la tierra de Su promesa, "para pescar". Esto se hizo conforme a la voluntad de Aquel que es la Luz del mundo y el Señor de la Vida.

Prepárense para una cosecha de milagros, porque este acto de sumisión es **un cementerio.**

Este es el lugar donde las semillas caen y mueren. Luego, ellos lanzaron las redes como se les ordenó. Están siguiendo las órdenes de Aquel que al principio creó el orden y que creó los mares y los peces que estos contienen. ¡Si alguien en el universo conoce todo lo relacionado con "pescar" es Él!

Este lanzar sus redes de acuerdo con Su palabra, es un símbolo de su rendición. Es el punto donde descubren el verdadero poder de la rendición incondicional a la Voz de su Señor y Salvador. Es el lugar de la **"Bandera Blanca".** Es donde se muere a sí mismo, y vivir para Dios su Salvador. Se están rindiendo a un Poder Infinitamente Superior a ellos.

Están a punto de recibir la sorpresa de sus vidas: cuando sus redes y sus botes se llenen con los peces que no pudieron hallar por sí solos durante toda la noche; a estos veteranos pescadores se les hará difícil creer lo que están viendo. Es un verdadero milagro del Señor del mar, quien habla, y el viento y las olas obedecen a todas Sus órdenes. Los peces de las profundidades obedecen a Su voz; caen a los pies de los discípulos cuando Él se los ordena. Los ciegos mendigos ven. Los sordos escuchan. Los mudos hablan. Los cojos caminan. ¿No deberíamos prestarle más atención a Aquel que camina sobre el agua y que también calma todos nuestros miedos?

¿Y qué hizo este milagro de abundancia en Pedro y en los demás?

Lucas 5:8-10 Los socios de pesca de Simón, Santiago y Juan (dos de los hijos de Zebedeo), vieron esta increíble carga de peces. *Estaban estupefactos, especialmente Simón:* **cayó de rodillas delante de Jesús y le dijo:**

—Señor, por favor, aléjate de mí, soy demasiado pecador para estar cerca de ti.

Así fue la respuesta de Pedro… *llena de humildad y de un sentimiento de profunda indignidad ante la grandeza de Su Señor, Salvador y Dueño.*

¿En dónde sucedió todo esto? En el punto de la obediencia y la confianza; en el punto en el que se acepta el Orden Divino. En el punto en el que se está de acuerdo con la Palabra dicha por Dios. El punto del entierro; el punto en el que la voluntad de Pedro caerá como semilla en la tierra fértil de: "Hágase la voluntad de Dios". Eran dos que se hicieron uno. El matrimonio entre la semilla y el suelo, aquí - en el sitio de la "Bandera Blanca". El matrimonio con el Cordero de Dios siempre produce una cosecha abundante, porque Jesús ha venido a darnos vida y vida en abundancia. Juan 10:10.

Juan 15:1-17 Él es la Vid y el Dador de vida, yo soy la rama.

Nueva Traducción Viviente (NTV)

15 Yo soy la vid verdadera, y mi Padre es el labrador. 2 Él corta de mí toda rama que no produce fruto y poda las ramas que sí dan fruto, para que den aún más.3 Ustedes ya han sido podados y purificados por el mensaje que les di. 4 Permanezcan en mí, y yo permaneceré en ustedes. Pues una rama no puede producir fruto si la cortan de la vid, y ustedes tampoco pueden ser fructíferos a menos que permanezcan en mí. 5 Ciertamente, yo soy la vid; ustedes son las ramas. Los que permanecen en mí y yo en ellos producirán mucho fruto porque, separados de mí, no pueden hacer nada. 6 El que no permanece en mí es desechado como rama inútil y se seca. Todas esas ramas se juntan en un montón para quemarlas en el fuego. 7 Si ustedes permanecen en mí y mis palabras permanecen en ustedes, pueden pedir lo que quieran, ¡y les será concedido! 8 Cuando producen mucho fruto, demuestran que son mis verdaderos discípulos. Eso le da mucha gloria a mi Padre.

En un momento en el que todos los discípulos sienten que están a punto de ser arrancados, Jesús les presenta un bosquejo de esta nueva vida, en la que somos como un viñedo próspero — un laberinto de vides y de ramas fuertes en la tierra fértil - con abundantes uvas que cuelgan de los viñedos mientras maduran bajo el sol. Jesús esculpe en sus imaginaciones un nuevo jardín del Edén — un jardín lleno de frutas, sustento y aromas agradables. Ésta es la vida del Reino; llena de comunión, sustento y belleza. Pero dentro de esta promesa de vida está la advertencia de que las personas deben estar en Cristo para experimentar estas bendiciones. (De "Voice)

Siguió diciendo Jesús: 9 "Yo los he amado a ustedes tanto como el Padre me ha amado a mí. Permanezcan en mi amor. Cuando obedecen mis mandamientos, permanecen en mi amor, así como yo obedezco los mandamientos de mi Padre y permanezco en su amor. 11 Les he dicho estas cosas para que se llenen de mi gozo; así es, desbordarán de gozo.

12 Éste es mi mandamiento: Ámense unos a otros de la misma manera en que yo los he amado. 13 No hay un amor más grande que el dar la vida por los amigos. 14 Ustedes son mis amigos si hacen lo que yo les mando. 15 Ya no los llamo esclavos, porque el amo no confía sus asuntos a los esclavos. Ustedes ahora son mis

amigos, porque les he contado todo lo que el Padre me dijo. 16 Ustedes no me eligieron a mí, yo los elegí a ustedes. Les encargué que vayan y produzcan frutos duraderos, así el Padre les dará todo lo que pidan en mi nombre. 17 Este es mi mandato: ámense unos a otros.

Cualquiera que sea nuestro trabajo, cualquiera que sea nuestro llamado o vocación, debemos hacer todas las cosas con todas nuestras fuerzas, con excelencia, como para el Señor.

Colosenses 3:22-25

Nueva Traducción Viviente (NTV)

22 Esclavos, obedezcan en todo a sus amos terrenales. Traten de agradarlos todo el tiempo, no sólo cuando ellos los observan. Sírvanlos con sinceridad debido al temor reverente que ustedes tienen al Señor. 23 Trabajen de buena gana en todo lo que hagan, como si fuera para el Señor y no para la gente. 24 Recuerden que el Señor los recompensará con una herencia y que el Amo a quien sirven es Cristo;[a] 25 pero si hacen lo que está mal, recibirán el pago por el mal que hayan hecho, porque Dios no tiene favoritos.

Y una palabra para el empleador…

Colosenses 4:1

Nueva Traducción Viviente (NTV)

4 Amos, sean justos e imparciales con sus esclavos. Recuerden que ustedes también tienen un Amo en el cielo.

¿Recuerda al pescador? ¿Recuerda la enorme pesca milagrosa? Es al Señor a quien le estamos sirviendo y obedeciendo cuando hacemos nuestro trabajo con excelencia, y es el mismo Señor quien ordena nuestro incremento. Lancemos nuestras redes del orgullo y las tercas voluntades, y permitamos que se entrelacen con Él en humildad y sumisión. Que la semilla caiga en el suelo y se case con la tierra. Que la rica tierra de la obediencia a Su voluntad produzca una cosecha abundante y desbordante. Y que este incremento resulte en una mayor colaboración con el trabajo del ministerio y la salvación de muchas más almas. Que este matrimonio de voluntades abra vía hacia el ascenso y el crecimiento, en nuestro camino a la Total Libertad Financiera. Todo es para la Gloria de Dios y para el crecimiento de Su Reino. El sol está empezando a salir en el oriente, sobre nuestras finanzas - la obscuridad de las deudas, la escasez y la necesidad empiezan a desvanecerse. Yo tengo la esperanza de que un mejor día viene, conforme nuestras palabras y nuestras obras se ordenan hasta llegar a ser como las de Él. ¡Amen!

9. Metas – Nuestro Enfoque Principal

Mateo 6:19-34

Nueva Traducción Viviente (NTV)

19 No almacenes tesoros aquí en la tierra, donde las polillas se los comen y el óxido los destruye, y donde los ladrones entran y roban. 20 Almacena tus tesoros en el cielo, donde las polillas y el óxido no pueden destruir, y los ladrones no entran a robar. 21 Donde esté tu tesoro, allí estarán también los deseos de tu corazón.

22 »Tu ojo es una lámpara que da luz a tu cuerpo. Cuando tu ojo es bueno, todo tu cuerpo está lleno de luz; 23 pero cuando tu ojo es malo, todo tu cuerpo está lleno de oscuridad. Y si la luz que crees tener en realidad es oscuridad, ¡qué densa es esa oscuridad!

Cuando Jesús habla acerca de los ojos y de la luz, nos dice que todas las personas deben mantener sus ojos en Dios, porque los ojos son las ventanas del alma. Los ojos no deben enfocarse en la basura— pornografía, inmundicia o cosas caras. Y esto es lo que Él quiere decir cuando declara: "Donde esté tu tesoro, allí estarán también los deseos de tu corazón". (De Voice)

24 Nadie puede servir a dos amos. Pues odiará a uno y amará al otro; será leal a uno y despreciará al otro. No se puede servir a Dios y al dinero.

25 »Por eso les digo que no se preocupen por la vida diaria, si tendrán suficiente alimento y bebida, o suficiente ropa para vestirse. ¿Acaso no es la vida más que la comida y el cuerpo más que la ropa? 26 Miren los pájaros. No plantan ni cosechan ni guardan comida en graneros, porque el Padre celestial los alimenta. ¿Y no son ustedes para él mucho más valiosos que ellos? 27 ¿Acaso con todas sus preocupaciones pueden añadir un solo momento a su vida?

28 »¿Y por qué preocuparse por la ropa? Miren cómo crecen los lirios del campo. No trabajan ni cosen su ropa; 29 sin embargo, ni Salomón con toda su gloria se vistió tan hermoso como ellos. 30 Si Dios cuida de manera tan maravillosa a las flores silvestres que hoy están y mañana se echan al fuego, tengan por seguro que cuidará de ustedes. ¿Por qué tienen tan poca fe?

31 »Así que no se preocupen por todo eso diciendo: "¿Qué comeremos?, ¿qué beberemos?, ¿qué ropa nos pondremos?". 32 Esas cosas dominan el pensamiento de los incrédulos, pero su Padre celestial ya conoce todas sus necesidades. 33 **Busquen el reino de Dios por**

encima de todo lo demás y lleven una vida justa, y él les dará todo lo que necesiten.

34 Así que no se preocupen por el mañana, porque el día de mañana traerá sus propias preocupaciones. Los problemas del día de hoy son suficientes por hoy.

Jesús tenía una meta... completar la tarea que le asignó Su Padre del Cielo...

Juan 17:1-5

Dios Habla Hoy (DHH)

17 Después de decir estas cosas, Jesús miró al cielo y dijo: «Padre, la hora ha llegado: glorifica a tu Hijo, para que también él te glorifique a ti. 2 Pues tú has dado a tu Hijo autoridad sobre todo hombre, para dar vida eterna a todos los que le diste. 3 Y la vida eterna consiste en que te conozcan a ti, el único Dios verdadero, y a Jesucristo, a quien tú enviaste.

4 **Yo te he glorificado aquí en el mundo, pues he terminado <u>la obra</u> que tú me confiaste.** 5 Ahora, pues, Padre, dame en tu presencia la misma gloria que yo tenía contigo desde antes que existiera el mundo.

Pablo tenía una meta... centrada en Cristo

Filipenses 3:7-15

Dios Habla Hoy (DHH)

7 Pero todo esto, que antes valía mucho para mí, ahora, a causa de Cristo, lo tengo por algo sin valor. 8 Aún más, a nada le concedo valor si lo comparo con el bien supremo de conocer a Cristo Jesús, mi Señor. Por causa de Cristo lo he perdido todo, y todo lo considero basura a cambio de ganarlo a él 9 y encontrarme unido a él; no con una justicia propia, adquirida por medio de la ley, sino con la justicia que se adquiere por la fe en Cristo, la que da Dios con base en la fe. 10 Lo que quiero es conocer a Cristo, sentir en mí el poder de su resurrección y la solidaridad en sus sufrimientos; haciéndome semejante a él en su muerte, 11 espero llegar a la resurrección de los muertos.

A Jesús crucificado y resucitado, es el modelo al que Pablo desea encarnar, mientras camina por Su sendero de muerte y vida — de sufrimiento y resurrección.

12 No quiero decir que ya lo haya conseguido todo, ni que ya sea perfecto; pero sigo adelante con la esperanza de alcanzarlo, puesto que Cristo Jesús me alcanzó primero. 13 Hermanos, no digo que yo mismo ya lo haya alcanzado; **lo que sí hago es olvidarme de lo que queda atrás y esforzarme por alcanzar lo que está delante, 14 para llegar a la meta y ganar el premio celestial que Dios nos llama a recibir por medio de Cristo Jesús.**

15 Todos los que ya poseemos una fe madura, debemos pensar de esta manera. Si en alguna cosa ustedes piensan de otro modo, Dios les hará ver esto también.

Tengo una meta... una nueva meta

Mi meta es lograr la Libertad Financiera en Diez Días. Hoy es mi día 40 en esta búsqueda formal por alcanzarla. Pero cuanto más avanzo y busco la voluntad de Dios, más me doy cuenta de que la libertad financiera total **no se trata tanto acerca del dinero, sino acerca de la relación.** Se trata más de mi relación con Dios y con el dinero, que de las cuentas bancarias o la cantidad de mis ingresos. Dios sabe que necesitamos de ambos y ya ha hecho esta provisión anticipadamente - Mateo 6:32. Dios sabe que necesitamos dinero para sobrevivir y para servir, pero este no debe ser nuestro enfoque principal sino algo secundario.

Se nos está haciendo muy claro, que la provisión de Dios tiene más que ver con una relación y con nuestro estilo de vida, que con números o cifras. La verdadera libertad financiera no está determinada por el tamaño de mi cuenta en el banco. La verdadera libertad financiera está en saber, que Dios me ama y que Su provisión siempre será suficiente y abundante. Ésta es la naturaleza de Dios, el Señor no es un acaparador; Él es un dador. No le negará ninguna cosa buena a quienes caminan rectamente, conforme a Su voluntad y confiando en Él.

Salmo 84:10-12

Nueva Traducción Viviente (NTV)

10 Un solo día en tus atrios, ¡es mejor que mil en cualquier otro lugar! Prefiero ser un portero en la casa de mi Dios que vivir la buena vida en la casa de los perversos.

11 **Pues el Señor Dios es nuestro sol y nuestro escudo; él nos da gracia y gloria. El Señor no negará ningún bien a quienes hacen lo que es correcto.**

12 Oh Señor de los Ejércitos Celestiales, qué alegría tienen los que confían en ti.

Con todo esto a la vista, ¿cuál debería ser mi meta financiera? Con el Señor como mi Sol y mi Escudo, ¿no estoy lo suficientemente seguro? Mi nueva meta tiene más relación con mi caminar de acuerdo con la Palabra de Dios y Su voluntad para mi vida, que con el dinero. **Mi nueva meta debe ser conocerlo a Él y conocer Sus caminos cada vez más.** Debe ser incrementar mi nivel de fe y confianza, en la Única fuente verdadera de todo lo que necesitaré para ser exitoso en esta vida.

Mi meta debe verse más o menos así: "**Diez Días Hacia una Total Confianza en el Señor, mi Proveedor**". Esto está más en línea con las Palabras de Jesús en Mateo 6. Y se parece más a la meta que el apóstol Pablo recomienda tener a todos los que son maduros, Filipenses 3:15.

La meta de Pablo se parece más a la de Jesús en Juan 17.

Mi meta, al igual que mi lista de las personas que amo, cosas que amo, lugares que amo, está bastante alejada de la lista de personas, cosas y lugares de Jesús. No debería sorprendernos que nuestra meta financiera y nuestra principal búsqueda en la vida también estén alejadas del blanco. Si deseamos dar en el blanco de Dios, necesitamos re-enfocarnos en las cosas que son más importantes para Él. Esto es lo que significa tomar Su yugo, y esta es la definición del discipulado como Jesús lo manda…

Mateo 28:18-20

Dios Habla Hoy
Jesús se acercó a ellos y les dijo:

18 —Dios me ha dado toda autoridad en el cielo y en la tierra. 19 **Vayan, pues, a las gentes de todas las naciones, y háganlas mis discípulos;** bautícenlas en el nombre del Padre, del Hijo y del Espíritu Santo, **20 y enséñenles a obedecer**

todo lo que les he mandado a ustedes. Por mi parte, yo estaré con ustedes todos los días, hasta el fin del mundo.

¡Vaya! ¡Vaya! ¡Vaya! ¿Qué más puedo decir? Es la Luz del Mundo quien habla con la autoridad del cielo. Él dice, "¡¡Que haya luz!!" y lo hace con toda la certeza. **¡Este es el Nuevo Orden o Restauración de Dios!** Está diseñado a la imagen de Jesucristo, el Salvador Resucitado - el Segundo Adán, quien logró lo que el primer Adán no pudo hacer. Es decir, vivir completamente bajo la voluntad y la Palabra de Su Padre. Este es el diseño celestial que el primer Adán descartó, para elegir su propia voluntad en vez de la de su Señor y Creador.

Jesús triunfó sobre el pecado, el infierno, la muerte y la tumba, gracias a Su sumisión voluntaria y a Su obediencia a la voluntad del Padre. Por su obediencia Jesús estaba perfectamente enyugado al Padre, en Su vida, muerte y resurrección. La muerte y el Diablo no Lo pudieron detener. La tumba no Lo pudo retener. Al tercer día Él se levantó, tal como se lo había profetizado a Sus discípulos, antes de ir a la cruz, como el Cordero sacrificial de Dios por nuestros pecados.

Jesús es mi meta. La meta de Pablo es mi meta. Mi meta ha cambiado. Mi lista de "personas, cosas y lugares" también ha cambiado. Cada vez estoy más en línea con la Luz del Mundo, quien también se llamó a Sí mismo, El Camino, La Verdad y la Vida; nadie puede llegar al Padre si no es a través de Él.

Jesús es el Camino

Jesús es la Verdad

Jesús es la Vida

Jesús es la Luz

Jesús es la Puerta

Jesús es el Salvador

Jesús es el Sanador

Jesús es el Libertador

Jesús es mi Proveedor

Tengo una nueva meta… **"Diez Días en la Búsqueda para Conocer Más a Jesús, Mucho Mejor, Más y Más Profundo"**

¿Recuerdan las palabras de Jesús al pescador? "Lleva la barca a la parte honda del lago, y echen allí sus redes, para pescar". Cave un poquito más hondo en la Palabra de Dios. Vaya un poquito más profundo en su relación con el Amo del mar. Ahonde en su conocimiento de Él y de Su voluntad para su vida. Enamórese más profundamente de Aquel que es Amor. Más hondo, aún más profundo. La pesca milagrosa está en las aguas más hondas, en una relación más profunda. La cosecha abundante se encuentra en lo profundo del seno del Padre. Los secretos para su éxito están escondidos muy adentro del corazón de Dios...

1 Corintios 2:9-10

Dios Habla Hoy (DHH)

9 Pero, como se dice en la Escritura: «Dios ha preparado para los que lo aman cosas que nadie ha visto ni oído, y ni siquiera pensado.»

10 Éstas son las cosas que Dios nos ha hecho conocer por medio del Espíritu, pues el Espíritu lo examina todo, **hasta las cosas más profundas de Dios.**

Notas al pie:

2:9 Isaías 64:4

¿Mi meta? "**Diez Días Más Descubriendo el Corazón de Dios con la Ayuda del Espíritu Santo"**

Si parte del plan de Dios es hacerme millonario para que yo luego pueda extender Su Reino, a través de mi ayuda financiera, que así sea. La revelación de este misterio me la dará el Espíritu Santo mientras yo, por fe, remo hacia las aguas más hondas de la santa Palabra de Dios y empiezo a sondear las profundidades del corazón de Dios con mis redes renovadas de la confianza y dependencia en ÉL. Confío en que Su amor, misericordia, gracia y verdad me enseñarán el camino. De esta manera, yo "pescaré" toda la provisión que siempre voy a necesitar, ya sea de naturaleza espiritual o física. ¡Alabado sea Dios por siempre! ¡Aleluya!

Al revisar mis metas, tengo que volver a la cita con la que empecé este tema…

Génesis 1:1-5

Dios Habla Hoy (DHH)

1 En el comienzo de todo, Dios creó el cielo y la tierra. 2 La tierra no tenía entonces ninguna forma; todo era un mar profundo cubierto de oscuridad, y el espíritu de Dios se movía sobre el agua.

3 Entonces Dios dijo: « ¡Que haya luz!»

Y hubo luz. 4 Al ver Dios que la luz era buena, la separó de la oscuridad 5 y la llamó «día», y a la oscuridad la llamó «noche». De este modo se completó el primer día.

¡Maravilloso! Y está sucediendo de nuevo. El sol está brillando otra vez. Las sombras de la confusión y la oscura niebla de las mentiras y engaños de Satanás, se están empezando a desvanecer y a disipar. De nuevo, mis metas se están aclarando. Mi puntería está mejorando. Ahora puedo ver claramente el blanco. ¡Aleluya! ¡Gloria al Señor! ¡Jesús es el Señor! ¡Y se hizo luz!

Claridad

En el comienzo de todo, Dios creó el cielo y la tierra. Génesis 1:1... Dios tenía un plan detallado y lo fue siguiendo hasta terminarlo.

Donde Dios guía, Él provee. La obra de Dios, hecha en la manera de Dios, nunca le faltará su provisión.

10. Círculo Completo: El Ciclo se ha Completado, la Perfección del Orden Divino se Restablece

El número 10

Esto comenzó como una búsqueda a la que llamé: "Diez Días Hacia Una Total Libertad Financiera"… ¿por qué no 20 días o 40 días? ¿Por qué 10? Buena pregunta. De lo único que estoy seguro es que tenía el deseo de escribir Diez días y no algún otro número. Después de hacer un poco de investigación, descubrí un par de cosas interesantes sobre este número. No todos creen en el significado de los números en la Biblia, pero hay quienes han hecho descubrimientos interesantes. BibleStudy.org es uno de los sitios que ofrece bastante material de estudio en cuanto a este tema y muchos otros.

En general el número 10 es uno de los números perfectos y simboliza la perfección del orden Divino. La Consumación del orden, que marca el ciclo entero de cualquier cosa es - por lo tanto - el significado omnipresente del número diez. Esto significa que nada hace falta, que el número y el orden son perfectos; que el ciclo total está completo.

Por ejemplo:

Noé fue la décima generación después de Adán – Noé, marcó el fin de la edad antediluviana, diez generaciones después de que Dios creara al hombre.

Los Diez Mandamientos- Los Diez Mandamientos contienen todo lo que es necesario y sólo lo necesario, tanto en su número como en su orden.

El Padre Nuestro contiene diez oraciones:

Las 10 oraciones del Padrenuestro –

1. La Soberanía de Dios

2. El nombre manifiesto de Dios

3. La realización del Reino de Dios

4. Primeras menciones de la tierra

5. El regalo de la gracia que suple nuestra necesidad

6. Trato con el pecado del hombre

7. Súplica por guía espiritual

8. Súplicas para ser librados de todo mal

9. Resumen de la gloria divina

10. Completa los ciclos eternos

Estos son solamente algunos de los diversos ejemplos del uso del número 10 en la Biblia.

El número 10 también ilustra a menudo **la plenitud de lo que se encuentra a la vista, sin que necesariamente sea la totalidad.** Por ejemplo, lunes sería un día completo, pero no la totalidad de la semana. De la misma manera el número 10, en "Diez Días Hacia Una Total Libertad Financiera." El 10 representa la terminación o el fin de esta búsqueda para alcanzar la libertad financiera. Puede que no sean literalmente 10 días, sino un período de tiempo que le brinda un sentido de consumación al proyecto. Nos pone a la vista la perfección del orden Divino de modo que nada falte y el ciclo esté completo.

Yo creo en que el Espíritu Santo me inspiró que utilizara este número para esta ilustración y este proyecto. Cuando comencé mi búsqueda de la libertad financiera no tenía idea de a dónde me llevaría todo esto. Era simplemente una meta de 10 días que me había propuesto. Mientras escribo esto, me encuentro en el día 41 desde que comencé mi proyecto. 40 días de oración y de una búsqueda seria del Señor para encontrar las respuestas a uno de los problemas más desconcertantes de esta vida: la pobreza, la carencia y la necesidad; en pocas palabras, los problemas financieros.

40 días – no diez. Me tomó 40 días llegar al punto en el que sentí que era tiempo de expresar

lo que Dios me había mostrado. 40 días para llegar a este lugar de plenitud con el tema de las finanzas a la vista; un ciclo de 40 días que brinda la perfección del orden Divino y un sentido de plenitud en el que nada falta.

Mis 10 días para conseguir esta meta son en realidad 40 días literales. Pero esto es lo que el número 10 simboliza, la llegada a la consumación, en este caso, la llegada a una conclusión Bíblica lógica en un cierto período de tiempo - sin importar qué tan largo o corto sea. Es decir, hacer lo que sea necesario, durante el tiempo necesario para lograr la meta que deseamos. Disponer en nuestro corazón la búsqueda de algo que se desea hasta que ese algo se haga realidad. Esto es lo que he hecho.

Y ahora como conclusión del tema - por conclusión me refiero a comprender completamente el material a la vista, pero sin haber agotado la completa revelación de todo el consejo de Dios en cuanto a este tema. Esto es para que el lector profundice más durante su tiempo libre y de acuerdo con sus propios deseos. He tenido una búsqueda intensa para obtener la sabiduría de Dios y comprender lo relacionado con la libertad financiera durante los últimos 40 días y antes de eso, toda una vida de servicio cristiano. Ahora depende de usted proponerse una meta y tratar con todas sus fuerzas de alcanzarla, hasta que la respuesta llegue.

El Orden de Dios– El Viaje – Claridad

Ahora aclaremos más y completemos este ciclo de búsqueda, mientras estudiamos la vida de un joven llamado José en su travesía; luego de haber sido separado del hogar de su padre, en donde era pastor, vendido como esclavo, de la casa de Potifar en Egipto, acusado falsamente y puesto en prisión, subido a la dignidad de Primer Ministro en la casa de Faraón y finalmente - después de muchos años – restaurado con su padre y su familia, lo que llevó todo a dar un círculo completo al culminar su viaje, de acuerdo con el plan perfecto y el orden divino de Dios.

Cuando era joven, José, el hijo favorito de Jacob tuvo sueños significativos de parte del Señor, los que le indicaban que algún día ocuparía una posición de liderazgo y que - como resultado - su familia se inclinaría ante él. La combinación del favoritismo de su padre y la interpretación de sus sueños enfureció a sus hermanos.

Estos comenzaron a planear cómo matarlo o deshacerse de él; el resultado fue que un día lo cogieron desprevenido, lo despojaron de la túnica de muchos colores que su padre le había regalado en un acto de favoritismo, y lo lanzaron dentro de un pozo. La sabiduría de Rubén - el hermano mayor de José - prevaleció y decidieron no matarlo. En lugar de esto, lo vendieron como esclavo a cambio de 20 piezas de plata a unos comerciantes Ismaelitas que iban de paso y quienes lo llevaron a Egipto. Esto sucedió en ausencia de Rubén. El plan de Rubén era rescatar a José del pozo para luego regresarlo a su padre ya que su consciencia lo molestaba profundamente.

Esta es la historia...

Génesis 37:30-36

Nueva Traducción Viviente (NTV)

30 Luego regresó a donde estaban sus hermanos y dijo lamentándose: «¡El muchacho desapareció! ¿Qué voy a hacer ahora?».

31 Entonces los hermanos mataron un cabrito y mojaron la túnica de José con la sangre. 32 Luego enviaron la hermosa túnica a su padre con el siguiente mensaje: «Mira lo que encontramos. Esta túnica, ¿no es la de tu hijo?».

33 Su padre la reconoció de inmediato. «Sí —dijo él—, es la túnica de mi hijo. Seguro que algún animal salvaje se lo comió. ¡Sin duda despedazó a José!». 34 Entonces Jacob rasgó su ropa y se vistió de tela áspera, e hizo duelo por su hijo durante mucho tiempo. 35 Toda su familia intentó consolarlo, pero él no quiso ser

consolado. A menudo decía: «Me iré a la tumba[a] llorando a mi hijo», y entonces sollozaba.

36 Mientras tanto, los mercaderes madianitas llegaron a Egipto, y allí le vendieron a José a Potifar, quien era un oficial del faraón, rey de Egipto. Potifar era capitán de la guardia del palacio.

José, el hijo favorito de su padre, ahora es vendido como esclavo a Potifar, en Egipto. ¡Vaya cambio repentino en los acontecimientos y la situación! Pero el hijo favorito de Jacob es también hijo predilecto de Dios, su Padre celestial.

Génesis 39:1-6

Nueva Traducción Viviente (NTV)

José en Casa de Potifar

1 Cuando los mercaderes ismaelitas llevaron a José a Egipto, lo vendieron a Potifar, un oficial egipcio. Potifar era capitán de la guardia del faraón, rey de Egipto.

2 **El Señor estaba con José, por eso tenía éxito en todo mientras servía en la casa de su amo egipcio. 3 Potifar lo notó y se dio cuenta de que el Señor estaba con José, y le daba éxito en todo lo que hacía.** 4 Eso agradó a Potifar, quien pronto nombró a José su asistente

personal. Lo puso a cargo de toda su casa y de todas sus posesiones. 5 Desde el día en que José quedó encargado de la casa y de las propiedades de su amo, el Señor comenzó a bendecir la casa de Potifar por causa de José. Todos los asuntos de la casa marchaban bien, y las cosechas y los animales prosperaron. 6 **Pues Potifar le dio a José total y completa responsabilidad administrativa sobre todas sus posesiones. Con José a cargo, Potifar no se preocupaba por nada, ¡excepto qué iba a comer!**

José era un joven muy apuesto y bien fornido.

Las bendiciones del hijo preferido continúan. Las bendiciones del Señor lo siguen hasta Egipto y a pesar de su estatus social de esclavo, pronto asciende a la cima y Potifar lo pone a cargo de todas sus tierras. Lo que al principio parecía un descenso terminó siendo un gran ascenso. De ser un humilde niño pastor que carecía del respeto de sus hermanos en la casa de su padre terrenal, pasó a recibir un respeto bien merecido como jefe y administrador en la casa del capitán del guarda de Faraón, el rey de Egipto.

¿Hola? ¿Sigues ahí?

Sin embargo, en la casa de Potifar hay un problema. La esposa de Potifar se enamora del apuesto esclavo hebreo y quiere tener relaciones sexuales con él. José resiste esta tentación.

8 Pero José se negó:

—Mire —le contestó—, mi amo confía en mí y me puso a cargo de todo lo que hay en su casa. 9 Nadie aquí tiene más autoridad que yo. Él no me ha negado nada, con excepción de usted, porque es su esposa. ¿Cómo podría yo cometer semejante maldad? Sería un gran pecado contra Dios.

José reconoce que esto sería un pecado contra Dios y rechaza la oferta, pero la esposa de Potifar continúa insistiendo y constantemente se le insinúa, hasta que un día José sale corriendo desesperado de la casa para escaparse. La esposa de Potifar, quien había logrado sujetarlo por la manga, se quedó con la chaqueta de José en la mano, cuando este se soltó y huyó. Al darse cuenta que estaba siendo rechazada, gritó "¡violación!" Usando la chaqueta como evidencia logró convencer a todos los de la casa, incluyendo a su esposo, de que José era culpable.

José es enviado a prisión

19 Potifar se enfureció cuando oyó el relato de su esposa acerca de cómo José la había tratado. 20 Entonces agarró a José y lo metió en la cárcel donde estaban los presos del rey. José quedó allí, 21 **pero el Señor estaba con José en la cárcel y le mostró su fiel amor. El Señor hizo**

que José fuera el preferido del encargado de la cárcel. 22 Poco después el director puso a José a cargo de los demás presos y de todo lo que ocurría en la cárcel. 23 El encargado no tenía de qué preocuparse, porque José se ocupaba de todo. **El Señor estaba con él y lo prosperaba en todo lo que hacía.**

Ahora tenemos a José, el hijo preferido de Jacob, reducido al estatus de esclavo y luego de prisionero. Vemos una progresión continua hacia abajo. No obstante, hay algo que permanece constante, sin importar dónde se encuentre José socialmente o en qué circunstancias. Su estatus con Dios siempre es el mismo. Así que sin importar en dónde se encuentra: como pastor, como esclavo en Egipto, o como prisionero, **el favor de Dios que está sobre su vida**, lo hace encontrar el favor de los hombres y es recompensado con un ascenso. De la misma forma que con Potifar, el vigilante de la prisión pronto descubrió que con José al mando, todo incrementaba, se multiplicaba y tenía éxito. **El favor de Dios, también permite ganar el favor del hombre sin importar las circunstancias.**

En la prisión, José conoció al jefe de los coperos y al jefe de los panaderos del Rey, quienes habían caído en desgracia. Una noche, ambos tuvieron un sueño que los inquietó bastante. Al darse cuenta de esto, José les preguntó cuál era el problema. Ellos respondieron, "ambos tuvimos sueños anoche, pero no hay nadie aquí quien nos diga lo que significan." José replicó, "La interpretación de los sueños es asunto de Dios, díganme lo que vieron."

Este hombre de Dios - con el favor y la sabiduría de Dios - interpreta los sueños; les dice que el copero recuperaría su trabajo como jefe de coperos dentro de tres días. José le pidió al copero que le hablara de él, a Faraón, en cuanto volviera al palacio para obtener su misericordia y lograr que lo liberaran.

Cuando el jefe de los panaderos vio que el sueño del copero tenía un significado favorable, inmediatamente contó el suyo. Sin embargo, su sueño tenía un significado diferente. "Dentro de tres días Faraón te quitará la cabeza y hará que ensarten tu cuerpo en una estaca y las aves vendrán a devorar tu carne."

Tres días después ambos sueños se hicieron realidad, tal como José lo había dicho. Sin embargo, el jefe de los coperos del faraón se olvidó de José por completo y nunca más volvió a pensar en él. Génesis 40:23.

Dos años después, una noche Faraón tuvo dos sueños. Lo inquietaron grandemente y no tenía nadie quien lo ayudara a entender su significado. Ninguno de los magos o sabios de

Egipto pudieron ayudarlo. Finalmente el copero recordó su pecado de haber olvidado a José, y relató la historia de cómo el joven esclavo hebreo, había interpretado correctamente su sueño y el del panadero mientras estaban juntos en prisión. Faraón envió de inmediato a llamar a José. Después de tomar un baño, afeitarse y cambiarse rápidamente de vestimenta, José se presentó ante Faraón. Este le relató los dos sueños a José. Una vez más el hombre de Dios con el favor y la sabiduría de Dios responde, "No puedo hacerlo por mí mismo, pero Dios te dirá lo que significan."

Génesis 41:17-46

Dios Habla Hoy (DHH)

Entonces el faraón le contó su sueño a José.

—En mi sueño —le dijo—, yo estaba de pie a la orilla del río Nilo 18 y vi siete vacas gordas y sanas que salían del río y comenzaban a pastar entre los juncos. 19 Luego vi siete vacas flacas y raquíticas con aspecto enfermizo que salían después de las primeras. Jamás había visto unos animales tan lamentables en toda la tierra de Egipto. 20 Entonces esas vacas flacas y raquíticas se comieron a las siete vacas gordas, 21 pero nadie lo hubiera creído, ¡porque después seguían siendo tan flacas y raquíticas como antes! Luego me desperté.

22 »Al rato volví a quedarme dormido y tuve otro sueño. Vi también en mis sueños siete espigas llenas de grano, robustas y hermosas, que crecían de un solo tallo. 23 Después aparecieron otras siete espigas de grano, pero estaban infestadas, resecas y marchitadas por el viento oriental. 24 Entonces las espigas secas se tragaron a las siete robustas. Les conté esos sueños a los magos, pero ninguno pudo decirme lo que significan.

25 José respondió:

—Ambos sueños del faraón significan lo mismo. Dios le da a conocer de antemano al faraón lo que está por hacer. 26 Las siete vacas sanas y las siete espigas robustas representan siete años de prosperidad. 27 Las siete vacas flacas y raquíticas que salieron después, y las siete espigas resecas y marchitadas por el viento oriental representan siete años de hambre.

28 »Esto sucederá tal como lo he descrito, pues Dios ha revelado de antemano al faraón lo que está por hacer. 29 Los próximos siete años serán un período de gran prosperidad en toda la tierra de Egipto, 30 pero después llegarán siete años de un hambre tan intensa que hará olvidar toda esa prosperidad de Egipto. El hambre destruirá la

tierra. 31 La hambruna será tan grave que borrará hasta el recuerdo de los años buenos.

32 **El haber tenido dos sueños similares significa que esos acontecimientos fueron decretados por Dios, y él hará que ocurran pronto.**

33 **»Por lo tanto, el faraón debería encontrar a un hombre inteligente y sabio, y ponerlo a cargo de toda la tierra de Egipto.** 34 Después el faraón debería nombrar supervisores de la tierra, a fin de que almacenen una quinta parte de las cosechas durante los siete años buenos. 35 Haga que ellos reúnan toda la producción de alimentos en los años buenos que vienen y la lleven a los graneros del faraón. Almacene bien el grano y vigílelo para que haya alimento en las ciudades. 36 De esa manera, habrá suficiente para comer cuando lleguen los siete años de hambre sobre la tierra de Egipto. De lo contrario, el hambre destruirá la tierra.

37 **Las sugerencias de José fueron bien recibidas por el faraón y sus funcionarios. 38 Entonces el faraón preguntó a sus funcionarios: «¿Acaso encontraremos a alguien como este hombre, tan claramente lleno del espíritu de Dios?».** 39 Así que el faraón dijo a José: «Como Dios te ha revelado el significado de los sueños a ti, es obvio que no

hay nadie más sabio e inteligente que tú. 40 Quedarás a cargo de mi palacio, y toda mi gente recibirá órdenes de ti. Sólo yo, sentado en mi trono, tendré un rango superior al tuyo».

41 El faraón dijo a José: «Yo, aquí en persona, te pongo a cargo de toda la tierra de Egipto».

42 Luego el faraón se quitó de la mano el anillo con su sello oficial y lo puso en el dedo de José; lo vistió con ropas de lino de la mejor calidad y le puso un collar de oro. 43 Después hizo que José subiera al carro de guerra reservado para su segundo en autoridad, y dondequiera que iba José, se gritaba la orden: «¡Arrodíllense!». Así que el faraón puso a José a cargo de todo Egipto, 44 y le dijo: «Yo soy el faraón, pero nadie levantará una mano ni un pie en toda la tierra de Egipto sin tu aprobación».

45 Luego el faraón le puso un nuevo nombre a José, un nombre egipcio: Zafnat-panea. También le dio una esposa, quien se llamaba Asenat y era hija de Potifera, el sacerdote de On. **Entonces José se hizo cargo de toda la tierra de Egipto.**

Faraón quiere que no haya ninguna duda de que José, es su segundo en el mando. Así es que celebra una ceremonia formal y le presenta a José regalos especiales, símbolos de su alto cargo y poder. Le da a José un anillo de sellar con el sello personal del Faraón. Lo viste con prendas reales y le provee el más fino carruaje disponible. Emite decretos que colocan a José al mando de todos los asuntos en Egipto. Finalmente, por si fuera poco, para asegurarse que este hijo de Israel fuera aceptado en la sociedad egipcia, le da un nombre egipcio y arregla un matrimonio con una familia sacerdotal prominente. Justo un par de horas antes, José no era más que un prisionero. Ahora se encuentra al mando de todo el territorio.(Voice)

46 Tenía treinta años cuando comenzó a servir en el palacio del faraón, rey de Egipto. Después, cuando José salió de la presencia del faraón, inspeccionó toda la tierra de Egipto.

¿No le parece este un recuento impresionante de la gracia de Dios?

De hijo favorecido y pastor en la casa de Jacob...

A esclavo favorecido y administrador en la casa de Potifar.

A prisionero favorecido y administrador de la prisión.

A administrador del estado, favorecido en la casa de Faraón.

¡Oh, Señor! En y a través de todo esto José jamás tuvo deudas, jamás dejó una cuenta sin pagar, jamás se preguntó de dónde vendría el próximo pago de su renta. Jamás se le venció el pago de una hipoteca. Jamás se le venció una cuenta de la tarjeta de crédito. Jamás tuvo atrasos en el pago de un camello. Todos sus costos de transporte estaban cubiertos, al igual que todos sus costos de vivienda. Y todo esto, su viaje de prisionero a Primer Ministro, ocurrió en un solo momento.

¡¡¡EL FAVOR DE DIOS!!!

Hay mucho más detrás de esta historia, la cual te invito a que leas. Pero, para nuestro propósito la terminaremos aquí.

¡El favor de Dios! Todo comenzó cuando era un adolescente que cuidaba las ovejas de su padre. Pero incluso, antes de eso, gozaba del favor de su padre. Y este favor no era a causa de la bondad de José ni de sus habilidades únicas. Era simplemente porque era el hijo de la ancianidad de Jacob y lo favorecía por esto.

En el viaje de José, desde pastorear los rebaños de su padre cuando niño, a pastorear al pueblo de Egipto, existe un elemento en común: EL FAVOR DE DIOS. El favor no se lo ganó, sino que le fue otorgado. Fue un regalo. José no pidió este favor, ni a su padre terrenal ni a su Padre Celestial. Es el regalo de Dios. Es el favor que lo sostuvo y lo prosperó en todo lugar. El favor de Dios era su seguridad, su fuente ilimitada de poder. El favor de Dios nunca le falló. Nunca experimentó una crisis económica. Nunca se encontró sin vivienda. Su mesa siempre estaba llena. José fue bendecido con una fuente ilimitada de abundancia sobrenatural. El favor de Dios suplió cada una de sus necesidades y lo ascendió en cada nivel; el favor de Dios lo condujo con seguridad a través de cada tormenta que enfrentaba y lo prosperó y lo exaltó. José fue bendecido a causa de la bondad de Dios y no por su propia bondad. Era un regalo de Dios.

Ahora hemos completado el círculo. Al principio Dios dijo, «Que haya luz»; y hubo luz. Así que ahora terminaremos donde empezamos: caminando en la luz de la Palabra de Dios y Su verdad, la cual nos libera de la atadura de la confianza mal depositada y el pensamiento equivocado. Nos encontramos en el punto donde la oscuridad choca con la luz y la luz prevalece, como siempre. Estamos en el punto en el que se cruzan los dos caminos: el de Dios y el mío. Estamos en el punto donde dejamos caer el ancla, ahí donde el agua es más profunda. Y lanzamos nuestras redes de inseguridad, interés personal, egoísmo, y auto exaltación por la borda, al agua de la Promesa de Dios. Allí, y ahí "echaremos las redes para pescar". Colocamos la "bandera blanca" y nos rendimos completa y finalmente a la sabiduría y a la voluntad de Dios. Cosechamos la semilla "que no sea mi voluntad la que se haga" en el suelo fértil, de "que se haga

Su voluntad". Y seguramente en este lugar de la muerte del ego habrá una cosecha: una cosecha desbordante; una cosecha abundante. La "pesca" será tanto grandiosa como humilde; grandiosa por el maravilloso milagro y humilde, pues nos lleva a reconocer y postrarnos a los pies de nuestro gran Dios.

Así como José fue honorado y favorecido por alguien mucho más grande que él, también lo somos nosotros. Dios nos ama, no a causa de nuestra bondad, sino a causa de la suya. Dios es amor, y por lo tanto Él ama. Jacob amó al hijo que le nació en su anciana edad y Dios el Padre, nos ama de una manera similar. Dios nos ama porque somos Su creación, las ovejas de Su rebaño. Somos grandemente favorecidos por Dios y Él también nos ha dado una túnica de muchos colores, a quienes lo hemos recibido por fe. Es el abrigo de la Salvación, el abrigo de la Rectitud, la túnica de la Santificación y la Santidad, una vestimenta de Gracia y Verdad, una túnica de Alabanza, de Paz, de Gozo, que el mismo Hijo de Dios nos da sin esperar nada a cambio, cuando vamos hacia Él con humilde fe y obediencia, confesándolo como Señor y Salvador y dándole la bienvenida a nuestras vidas. Nos entrega la túnica y la corona de Su amor, Su paz, Su gozo. Nos sella y nos llama Suyos con el beso del favor del Espíritu Santo, que es el pago inicial de nuestra herencia eterna.

El favor de Dios; esto es lo que José llevaba consigo a donde sea que fuera, y el favor de Dios jamás le falló ni lo decepcionó. José se aseguró que su cuenta con Dios estuviera siempre en su nivel máximo y que su relación con Él, siempre estuviera bien.

¿Recuerda a la esposa de Potifar? José puso su relación con Dios, por encima de cualquier otra, sin importar lo atractivo y tentador. Su cuenta con Dios siempre estaba llena. José jamás se preocupó de su cuenta bancaria o de dónde vendría su próxima comida, siempre y cuando mantuviera bien su relación con su Padre Celestial; allí es donde mantenía el balance de su cuenta. La seguridad de José no recaía en las cosas que poseía. Recaía en su relación con Dios, no en su riqueza terrenal.

Favor con Dios. Este es el punto de la libertad financiera total. Este es el punto al que necesito aspirar. ¿Cuánto tiempo tardará esto? Eso depende, ¿qué tan determinado estoy para hacer las cosas a la manera de Dios? ¿Qué tan obstinada es mi voluntad para lograr que mi fe descanse en las promesas de Dios? ¿Qué tan convencido estoy de que la Palabra de Dios es verdadera y no puede mentir? ¿Qué valor le otorgo a mi relación con el Dios de José? ¿Qué tiene mayor valor para mí? ¿Una enorme cuenta bancaria? ¿O una enorme promesa de Dios? ¿Dónde está mi confianza? ¿En las cosas que puedo ver, tocar, oler? ¿O acaso está enfocada en el Dios Trino Invisible, "Padre, Hijo, Espíritu Santo," y Su Palabra eterna? ¿Qué es más importante? ¿El favor de Dios? ¿O el favor del hombre y de las cosas creadas?

¡FAVOR! ¡FAVOR! ¡FAVOR! ¡EL FAVOR DE DIOS! ¿Qué tan importante es el favor de Dios para mí? ¿Qué valor le otorgo en esta relación con Él? ¿Qué valor le otorgo al favor de Dios? Si mi nombre fuera Abraham, mi respuesta sería, "ningún precio es demasiado alto para vivir en el favor de Dios." Si mi nombre fuera José, mi respuesta sería, "¡del pozo al Palacio, de la prisión a la Alabanza, de prisionero a Primer Ministro, de la oscuridad a la Prominencia, de lo terrenal a lo Celestial, de inclinarme ante otros a que otros se inclinen ante mí, de niño pastor insignificante despreciado por mis hermanos, a pastorear el rebaño de Egipto, a llevar el anillo de sello del mismo Rey, vestido con hermosas ropas, con la cadena de oro real alrededor de mi cuello, a cargo de toda la tierra de Egipto, con el carruaje del segundo en el mando, y honorado por todos en cualquier lugar al que voy!" Si eso no es suficiente, también me fue dado un nuevo nombre que significa "¡él tiene el poder divino de la vida y la muerte!" Además de esto me fue dada una esposa. Tengo 30 años. Tenía 17 años cuando dejé los campos de mi padre y comencé este viaje que me ha llevado a este lugar.

Y eso no es todo

¿Recuerda los sueños que tuve cuando era un niño? Todos se han hecho realidad. Mi familia está aquí conmigo, nos hemos reunido de nuevo y he visto a mi padre; me volví a reunir con mi familia aquí en Egipto, a donde Dios me trajo con Su divina mano llena de favor y bendición para que pudiera salvar las vidas de muchos". Génesis 50:19-21).

¿El favor de Dios? ¿Me está preguntando sobre el favor de Dios? ¿Por qué lo intercambiaría? ¡Por nada! ¿Qué valor le otorgué al favor de Dios? Vuelva a leer las palabras de mi testimonio que acaba de leer… luego léalas de nuevo… y otra vez… y otra vez… hasta… que se sumerjan… muy profundo… en la profundidad del fértil suelo de su corazón y de su alma. Permita que esta revelación del favor de Dios eche raíces allí. Riegue ese jardín a menudo con la palabra de Dios, las promesas de Dios. Que se lleve a cabo un matrimonio. Así como la semilla que cae sobre la tierra, se casa con el fértil suelo a través de su muerte y se vuelve uno con él, permita que su voluntad caiga sobre el fértil suelo de "la voluntad de Dios, se hará en su vida." Ahí en ese lugar de entrega total a la voluntad y el corazón de Dios, descubrirá un gran tesoro, una gran riqueza, una gran abundancia, una cosecha maravillosa. Descubrirá la riqueza y la inmensidad del favor de Dios, allá afuera donde es "la parte honda del lago". Allá, un poco más adentro en ese lago del favor de Dios "echará sus redes, para pescar". Allá afuera veo la Luz de un nuevo comienzo que refleja una "Bandera blanca" de entrega total a la voz del Maestro.

3 Entonces **Dios** dijo: «Que haya luz»; y hubo luz. 4 Y Dios vio que la luz era buena. Luego separó la luz de la oscuridad. 5 Dios llamó a la luz «día» y a la oscuridad «noche». Y pasó la tarde y llegó la mañana, **así se cumplió el primer día**.

Este es el día uno. Este es el inicio. El lugar donde comenzamos.

Hemos dado un círculo completo. Diez Días Hacia Una Total Libertad Financiera, se trata más de un viaje, que de un destino o un período de tiempo. Se trata más de un estilo de vida, que de un evento. Se trata más del tamaño de mi fe en la Persona y las Promesas de Dios, que del tamaño de mi cuenta en el banco o mis ingresos. Se trata más de Dios, que del dinero. Se trata más de lo eterno, que de lo temporal. Se trata más de mí y mi relación con Dios, que de mí y el dinero. Se trata más de cuidar y compartir, que de recibir y cosechar. Se trata más de sembrar y crecer, que de buscar una ganancia. Se trata más de fijar mis ojos en las promesas de Dios, que de fijar mis ojos en el valor monetario. Se trata más de buscar el favor de Dios y mantener el balance de mi cuenta, que de buscar el favor del hombre. Se trata más de llevar consigo el favor de Dios, que llevar consigo la tarjeta bancaria. Se trata más de un corazón lleno de fe y confianza en la promesa de Dios, que de una cuenta de banco llena de dinero. Se trata más de tener una Cuenta de Favor con Dios, que una cuenta monetaria con el banquero local.

Se trata de venir hacia la Luz de la verdad de Dios y la seguridad de Su favor. Se trata de abrir una nueva cuenta con el Amo del Universo y mantener una relación con Él. Se trata de conocerlo a Él, quien promete jamás dejarme ni desampararme. Se trata de caminar y vivir en las promesas de Dios y de gozar de los beneficios de Su favor. Se trata de hacer del Dios de Josué, mi Dios. Se trata de dejarse guiar por la Vid Verdadera, Cristo Jesús, el José del Nuevo Testamento, el Hijo Altamente Favorecido del Padre (Mateo 3:16-17, Marcos 9:1-8, Juan 3:33-36), y seguirlo incondicionalmente.

Isaías 45:1-3

Nueva Traducción Viviente (NTV)

45 Esto le dice el Señor a Ciro, su ungido, cuya mano derecha llenará de poder.

Dios tiene una misión especial para Ciro, el emperador Persa: guiar al mundo y liberar a Su pueblo del exilio. La Escritura es clara: Dios, no los reyes, dirigen la historia. Los reyes — y algunas veces sus súbditos — necesitan que se les recuerde. El Eterno, el único Dios Verdadero, está por encima y detrás de la historia humana, dirigiendo y orquestando sus eventos.(De Voice)

Ante él, los reyes poderosos quedarán paralizados de miedo; se abrirán las puertas de sus fortalezas y nunca volverán a cerrarse.

2 Esto dice el Señor: «Iré delante de ti, Ciro, y allanaré los montes; echaré abajo las puertas de bronce y cortaré las barras de hierro.

3 Te daré tesoros escondidos en la oscuridad, riquezas secretas. Lo haré para que sepas que yo soy el Señor, Dios de Israel, el que te llama por tu nombre.

El Espíritu de Dios lo ha llamado a usted y me ha llamado a mí, por nombre, como seguramente llamó a Ciro hace muchas generaciones, y con el mismo propósito: liberar a los cautivos, y llevar la reconciliación con el Padre a través de Cristo el Hijo.

El Espíritu de Dios nos dice, *"**En lo profundo del corazón del Padre encontrarás su tesoro. No está escondido de ti, está escondido allí, para que tú lo descubras.**"*

Este día es el primer día. De aquí en adelante depende de ti.

Qué Dios te bendiga,

Marvin

Acerca del Autor

Soy cristiano nacido de nuevo por más de 30 años, y un estudiante formal de la Palabra de Dios, creo tener el derecho para hablar de Su Palabra, en relación con el tema de las finanzas, como lo enseña la Biblia.

Mi fe en Dios y Su llamado en mi vida me han llevado a muchos países, como amigo de los pobres y de los que sufren, e involucrándome en varios proyectos: desde proveer ayuda humanitaria y Biblias en idioma ruso a los ucranianos espiritualmente hambrientos -

después de la caída del Comunismo y la antigua Unión Soviética - hasta apoyar a algunos orfanatos de la India y ayudar a 85,000 Judíos de la Unión Soviética azotados por la pobreza a hacer la Aliyá a Israel.

Además, siguiendo las órdenes del Señor y con Su ayuda, la ayuda de mi familia y de muchos otros, reabrí y restablecí una vieja iglesia en el campo - la cual había sido abandonada hacía diez años. Tuve mi cuota de pobreza, mientras vivía y ayudaba a los pobres en las áreas menos privilegiadas, y estoy absolutamente convencido de que Dios tiene un mejor plan. Dicho plan es para bendecir y proveer en abundancia a los hombres y está en Su Palabra - el mapa de Dios para llegar al éxito. Estoy completamente de acuerdo con ayudar a los pobres y a los necesitados, pero también estoy convencido de que Dios tiene además un mejor plan para la provisión material, que las dádivas constantes.

Este plan está contenido en la Palabra de Dios. "Yo sé los planes que tengo para ustedes, planes para su bienestar y no para su mal, a fin de darles un futuro lleno de esperanza. Yo, el Señor, lo afirmo..." Jeremías 29:11 DHH.

En otras palabras, el plan de Dios para los pobres, los desposeídos y aquellos que luchan por sobrevivir financieramente, es darles esperanza y un futuro.

¡Gloria a Dios! De esto es de lo que se trata este libro y mi vida: de descubrir el plan de Dios para mi propia vida y ayudar a otros a encontrar el mejor plan de Dios, para la de ellos. Estoy casado y actualmente vivo en Colombia, Sur América, en donde ayudo a... adivinaste... a los pobres. Les cuento a todos que Dios es bueno y que Su plan para sus vidas es bueno, un plan para crecer y multiplicar y no un plan malvado que les lleve más sufrimiento, derrota y aflicción. ¡Así es el poder de la Palabra de Dios que pone en libertad a los cautivos! ¡Amén!

Tu amigo que desea que tu vida crezca, se multiplique y tenga lo mejor de Dios,

Marvin Swanson

www.toallnations.net

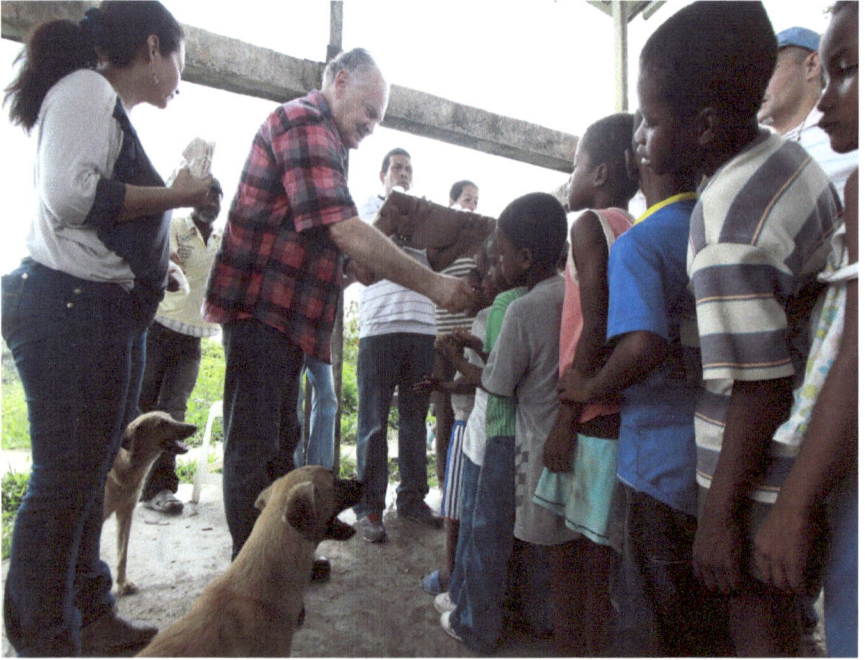

Atendiendo el Servicio de Comunión/Mesa del Señor para padres, adultos, y todos lo que vengan a la "Iglesia Sin Paredes" en una aldea remota en la jungla, cerca de la costa occidental del Pacífico de Colombia. (Los soldados que durante la noche acampaban cerca utilizaron la madera de las paredes para hacer fogatas, por lo que no hay paredes.) "Dejen que los niños vengan a mí" dice Jesús. Mateo 19:14

Se atendió a más de cien personas, con almuerzos y regalos navideños donados. Hubo muchas personas felices. ¡Alabado sea el Señor! Diciembre 2012.

Información de Contacto

Nombre de la Empresa: To All Nations
Autor: Marvin Swanson
Dirección: Canadá/Colombia
Visite nuestra página web: www.toallnations.net
Correo electrónico: acts29missions@yahoo.com
Teléfono: 780 747 9051
Facebook: Marvin Swanson
Twitter: @SwansonMarvin

Romanos 10:8-13

Reina Valera Contemporánea (RVC)

[8] Lo que dice es: «La palabra está cerca de ti, en tu boca y en tu corazón.» Ésta es la palabra de fe que predicamos: [9] «Si confiesas con tu boca que Jesús es el Señor, y crees en tu corazón que Dios lo levantó de los muertos, serás salvo.» [10] Porque con el corazón se cree para alcanzar la justicia, pero con la boca se confiesa para alcanzar la salvación. [11] Pues la Escritura dice: «Todo aquel que cree en él, no será defraudado.» [12] Porque no hay diferencia entre el que es judío y el que no lo es, pues el mismo que es Señor de todos, es rico para con todos los que lo invocan, [13] porque todo el que invoque el nombre del Señor será salvo.